PSICORREGRESSÃO

Um Novo Sistema de Cura e Desenvolvimento Pessoal

Dra. Francesca Rossetti

PSICORREGRESSÃO

Um Novo Sistema de Cura e Desenvolvimento Pessoal

Tradução
CARLOS A. L. SALUM
ANA LÚCIA FRANCO

EDITORA PENSAMENTO
São Paulo

Título do original:
Psycho-Regression
A New System for Healing & Personal Growth

Publicado pela primeira vez em 1992 por Judy Piatkus (Publishers) Ltd.

Edição	**Ano**
1-2-3-4-5-6-7-8-9	96-97-98-99

Impresso em nossas oficinas gráficas.

ESTE LIVRO É DEDICADO AO MEU
SANTO ANJO DA GUARDA

E também aos que pensam que se conhecem, aos que sabem que não se conhecem e aos que têm vontade de se conhecer...

Agradecimentos

Meus sinceros agradecimentos às pessoas extraordinárias que tive a sorte de conhecer através dos anos e que me ajudaram de várias maneiras, direta ou indiretamente, a desvendar esta terapia sagrada.

Sou grata aos que já morreram, por terem sido quem foram, e também aos que ainda estão vivos

Sem esquecer todos os pacientes que me ajudaram a obter uma percepção maior

Sua Santidade Shri Ram Chandra, mestre do Sistema de Meditação Sahaj Marg, Índia

Sua Santidade o Dalai Lama, Dharmasala, Índia

O Ven Stavira Sangharakshita, Budista, Inglaterra

Geoffrey Watkins, Watkins Books, Inglaterra

Bispo Francis Forsyth, Igreja Católica Pré-Nicena, Inglaterra

Bispo Richard Palatine, Igreja Católica Pré-Nicena, Inglaterra

Cônego Andrew Glazewski, Católico-Romano, Devon

Dr. Mark L. Gallert, radiônica, EUA

Joseph Rael, Bela-Flecha-Pintada, xamã/mestre de cura, EUA

Twylah Nitsch, índia Seneca, Clã do Lobo, mestre espiritual, EUA

Bernice (Folhas que Caem) Hucole, professora, norte-americana nativa, EUA

Dr. Bob Ramirez, doutor em Medicina, parasitologista, EUA

Mestre Otake Sensei, mestre-samurai xintó, Japão

Sam Lono, Kahuna, Havaí

David Menongye, desenhista em areia colorida e ancião da tribo Hopi, EUA

Kuzungu, mestre de cura e feiticeiro, Kênia

Odilon da Silva, cirurgião psíquico, Brasil

Professor Santiago Americano Freire, doutor em Medicina, psiquiatra e cientista, Brasil

Josephine Sisson, cirurgiã psíquica, Filipinas

Virgilo Gutierrez, cirurgião psíquico, Filipinas

David Oligane, exorcista/cirurgião psíquico, Filipinas

Bispo Victor Dane, Santa Igreja Católica Apostólica Ortodoxa do Leste, EUA

George Alexander, professor espiritual e mestre de cura, Inglaterra

E, "Se os últimos serão os primeiros"...

A Frances Tweed-Clarke, RGN, administradora, massagista diplomada, Inglaterra, meus profundos agradecimentos pelas horas que passou corrigindo e datilografando os originais. E também por organizar o Glossário.

A Judy Piatkus, Piatkus Books, que me incentivou a recomeçar a escrever, depois de um intervalo de quinze anos, durante os quais me dediquei a curas, viagens e pesquisas.

E também a todos os meus amigos e auxiliares invisíveis, que me ajudaram e continuam me ajudando a assimilar espiritualmente a informação adquirida (ao longo dos anos) por meio do conhecimento interior que vem sendo canalizado através de mim neste trabalho.

Sumário

Jornada da autora ao nascimento da Psicorregressão

Durante minha primeira infância, tive várias experiências incomuns e tomei consciência, ainda muito nova, de que tinha um Anjo da Guarda pessoal. Isso foi muito reconfortante. Foi meu Anjo da Guarda que me salvou, quando eu era criança, de ser pisoteada por um cavalo. Ele falava comigo, na presença de meu pai, quando fazíamos as orações noturnas. Durante meu tempo de escola, num convento, ficava chocada com a grande incidência de palavras como "pecado", "inferno", "purgatório" nas aulas de religião. Como eu tinha consciência de que Deus é o Deus do amor, isso não fazia sentido para mim. Eu sentia pena das freiras, quando ficavam vermelhas à menção da palavra "sexo". Percebia que estavam tentando falar de uma coisa que não compreendiam totalmente. Ficavam muito confusas quando não conseguiam explicar a diferença entre a Concepção Imaculada e o amor sexual humano. Falava-se, nas aulas de religião, que Jesus não tinha sido concebido pelos "meios normais", mas as freiras não estavam preparadas para nos ensinar quais eram esses meios normais.

No início da adolescência eu já tinha uma forte consciência de que Deus não era um velho que ficava lá no céu. Fiz a atordoante descoberta de que, na verdade, Ele estava dentro de mim. Foi um grande choque. Levei um bom tempo para me acostumar com essa nova maneira de ser. E levei muitos anos para começar a compreender a verdadeira natureza dessa revelação, pois eu era contrária aos ensinamentos ortodoxos do Catolicismo.

Meu pai sempre conversava comigo, durante o chá da tarde, sobre os mistérios do Universo. Foi nessa época que a doutrina da reencarnação começou a fazer sentido para mim, porque era um assunto que ele tratava com naturalidade. Minha mãe também considerava a reencarnação como parte essencial do processo de crescimento da alma e, muitas vezes, ela também discutia essas coisas comigo.

Tive muitos empregos interessantes no começo de minha vida profissional. Trabalhei, por exemplo, num mosteiro budista, em Londres, onde ajudava a redigir uma revista e escrevia artigos religiosos com terminologia budista. Começaram a achar que eu era budista, sem perceber que eu era simplesmente uma estudiosa da vida.

Muitos anos depois, eu me tornei gerente da seção de antigüidades da J. Watkins Bookshop, uma das principais livrarias de misticismo, espiritualismo e religião de Londres. Nessa época, conheci muita gente interessante e ouvi falar das muitas maneiras diferentes de trilhar o caminho espiritual.

Durante oito anos estudei com o professor espiritual, o bispo Richard Palatine, que era ao mesmo tempo um místico cristão e um gnóstico. Ele me ensinou a ter confiança absoluta no Deus interior e a entender a importância da purificação espiritual. Através do treinamento disciplinar que fiz sob sua orientação, comecei a me compreender um pouco melhor e percebi que eu sempre havia sido manipulada. Aprendi a ser muito mais forte por dentro, mais tranqüila e a ter mais confiança em mim mesma. Passei a me interessar por diferentes crenças religiosas e ideologias, e por diferentes métodos de purificação e cura espiritual.

Muitos de meus amigos estavam economizando, nessa época, para pagar as prestações de suas casas próprias. Mas cada centavo que eu economizava era para viajar e expandir meu conhecimento espiritual. Minha família e meus amigos achavam que eu era idealista e sonhadora demais. Eu não compreendia o mundo dos negócios e a segurança material nada significava para mim. Eu precisava viajar para ampliar meus conhecimentos e minha consciência. Meu investimento era no Deus interior.

Eu queria visitar diferentes partes do mundo e, quando esse desejo ficava forte demais, dava um jeito de chegar até lá. Minha ligação com os índios americanos era muito profunda e visitei várias vezes a América. Os mestres da cura indígenas e os xamãs eram muito abertos comigo, pois sabiam intuitivamente que eu queria aprender o máximo possível para ampliar o meu trabalho de cura.

Eles me deram chocalhos rituais, ervas, contas e um bastão cerimonial, para cura e purificação. Joseph Rael (xamã e visionário) me fez passar por uma maratona de purificação de sete horas, num *kiva* ritual, no Novo México. Nessa ocasião, atravessei a vida e a morte e senti a presença de meus ancestrais indígenas, que me ajudavam. Joseph me disse que a cura devia começar de dentro. Recebi várias pistas de como fazer isso, apesar de não existir um sistema de cura estruturado.

Durante outra visita à América, a índia Seneca Twylah Nitsch me iniciou no Clã do Lobo. Ela sabia interiormente que eu já tinha sido um índio, e que estava ali a fim de restaurar essas antigas relações para que me ajudassem no meu trabalho de cura.

Minha busca pelo conhecimento continuou por muitos anos, durante os quais eu desejava compartilhar o conhecimento que tinha adquirido em meus encontros com mestres espirituais, mestres de cura, xamãs e pesquisadores da paranormalidade. Algumas informações sobre a cura eram canalizadas através de mim, geralmente depois de uma viagem importante, pois a cada viagem seguia-se um período de germinação durante o qual eu meditava e refletia sobre tudo o que havia aprendido. Isso tudo ia tomando forma à medida que passava a fazer parte de meu trabalho de cura. Comecei a fazer palestras e seminários para pequenos grupos de interessados em assuntos espirituais. Mais tarde, passei a viajar para outros países fazendo palestras e seminários, à medida que meu trabalho ia sendo mais requisitado.

Quando estive no Havaí, o sacerdote Kahuna, Sam Lono, me deu uma pedra sagrada de cura e também me consagrou como mestre de cura, em reconhecimento pelo meu trabalho. E, quando fiz uma palestra no Japão, conheci o mestre Otake Sensei, o chefe da Escola xintó de Artes Marciais, em Tóquio. Ele me iniciou no aspecto terapêutico das artes marciais por causa da minha perseverança e determinação, e por ter reconhecido o meu guerreiro interior.

Visitei também a Índia, a Grécia, a Tailândia, as Filipinas, a Alemanha, a África Oriental, o Egito, o Brasil, o Peru, a Finlândia, a Turquia, a Itália, a Espanha, a Jamaica e Barbados. Minha busca pelo conhecimento espiritual e pela cura nunca perdeu o vigor.

Com o tempo, compreendi que nasci com o dom incomum de entrar em sintonia com diferentes tipos de energia e de usá-las para propósitos específicos, relacionados com o trabalho. O conhecimento e a energia dos índios norte-americanos me ajudaram no meu trabalho, tornando-me capaz de me energizar conscientemente, ligando-me ao espírito da terra, da água, do fogo e do ar. A energia dos índios dentro de mim também me ajudou a fazer contato com seres bípedes, quadrúpedes e alados. Isso despertou dentro de mim conhecimentos e memórias relacionados com outras vidas há muito esquecidas, ajudando-me a integrar meu conhecimento interior para expandir meu trabalho de cura. As energias do Havaí também me fortaleceram, ajudando-me a compreender que eu não estava sozinha na minha busca pela totalidade. Os havaianos conhecem os espíritos gigantes que habitam as montanhas e os vulcões e têm consciência de que existe uma energia — com todo o direito de ser reverenciada — que reside no interior de todas as formas de vida.

A energia japonesa também despertou memórias de vidas passadas, ajudando-me a lutar por maior clareza e objetividade. Quando, nesta vida, retomei contato com a energia japonesa, recebi uma grande ajuda para exorcizar espíritos, fantasmas e demônios através de minha ligação espiritual com as energias ancestrais xintó.

Em todos os países pelos quais viajei, as pessoas envolvidas com os aspectos mais profundos da cura me reconheceram como uma pesquisadora séria dos aspectos paranormais da psique humana. Atualmente, é assim que sou conhecida, e também como professora espiritual e canal de cura. Há alguns anos escrevi um livro sobre exorcismo, que foi muito bem aceito. Por esse livro e pela minha pesquisa sobre exorcismo e aspectos incomuns da cura, recebi da Igreja da Vida Universal da América do Norte um grau honorário de Doutora em Teologia. Recebi esse mesmo grau da Igreja Católica Pré-Nicena, do Reino Unido. Fui ordenada, depois de um treinamento sacerdotal de oito anos.

Conheci, na Índia, Sua Santidade o Dalai Lama, o Grande Lama do Tibete, que me presenteou com a mantilha branca sagrada (que representa paz e pureza). Tive uma consciência muito forte de suas energias carismáticas e amorosas e o deixei com lágrimas de alegria, sabendo que tinha encontrado uma alma genuinamente capaz de se comunicar através do poder do amor incondicional.

Tive também o privilégio de conhecer Sua Santidade Shri Ram Chandra, um conhecido praticante do sistema indiano de meditação Sahaj Marg. Ele me recomendou com veemência que guardasse registros de minhas "descobertas". Segui seu conselho e gravei tudo o que foi possível gravar em fitas magnéticas. Tornei-me uma de suas discípulas nesse sistema de meditação, cujo nome significa "Caminho Natural". É uma maneira válida e poderosa de trabalhar na libertação do carma negativo, sem passar necessariamente pela regressão. Os mais contemplativos talvez prefiram seguir esse método de autoconsciência. Continuei praticando o sistema de meditação Sahaj Marg, paralelamente às minhas pesquisas sobre a cura multidimensional.

Com o correr dos anos, fui ficando muito envolvida com meu trabalho de cura, com minha sobrevivência e com o desenvolvimento de um novo sistema de cura. Dei a esse sistema o nome de Psicorregressão porque, através dessa terapia, a cura pode ocorrer no interior da mente, das emoções, do corpo e do espírito.

Atualmente, meu trabalho é ensinar, fazer palestras e continuar a pesquisa sobre aspectos paranormais da psique humana, além de atuar como canal espiritual, possibilitando transmissões. Essas transmissões estão relacionadas com o sistema Sahaj Marg de meditação, que libera carmas de grupo. Tenho trabalhado também com a cura sacramental.

Percebo agora que o tempo está se acelerando e que é vital colocar em forma de livro algumas de minhas descobertas e idéias testadas (juntamente com o conhecimento interior que vem a mim de outras dimensões da realidade), para ajudar o maior número possível de pessoas em todos os caminhos da vida, principalmente as que estão interessadas nos mistérios fascinantes e profundos da psique humana.

Introdução

Psicorregressão é um livro incomum na medida em que descreve um sistema totalmente novo de cura, que ocorre em níveis muito profundos da psique. Este livro revela, de forma sistemática, como é possível descobrir a causa ou as causas primais de um problema com raízes enterradas num passado remoto, de milhares de anos. Esta é a primeira vez que um sistema tão sucinto de cura é descrito com tanta profundidade no mundo ocidental. Até a década passada, informações deste tipo seriam consideradas esotéricas. Nas antigas escolas místicas da Grécia e do Egito, seriam informações reservadas somente para iniciados ou para alguns poucos escolhidos.

Psicorregressão não é apenas um livro sobre um novo sistema de cura. Trata também do lado interior da vida. Ao ler este livro, você descobrirá que ele pode ser usado como um espelho capaz de revelar diferentes visões do seu próprio reflexo. Ele o ajudará a compreender com mais clareza as razões de suas ações e aquilo que realmente o motiva e move profundamente, e por quê.

Durante os últimos 20 anos de minhas pesquisas, acumulei alguns conhecimentos e informações importantes, que me ajudaram a criar este sistema multidimensional de cura. Sabemos agora que é possível curar, assim como é possível integrar o nosso carma (o nosso destino, determinado pela lei de causa e efeito aplicada às nossas ações e reações em existências passadas, assim como ao resultado de nossas ações na vida presente).

Psicorregressão vai ajudá-lo a compreender melhor, de um ponto de vista não-intelectual, o lado positivo e o lado negativo da sua natureza. Todos nós temos belas energias positivas que podem ser bloqueadas pela negatividade. Quando essas energias forem liberadas e integradas através da terapia, você certamente se tornará um ser mais vital e criativo.

Não é preciso pertencer a um mosteiro, a uma seita ou a uma religião ortodoxa para efetuar a mudança interior. Quase todos nós trabalhamos duro no mundo cotidiano, lutando para ganhar a vida e para espalhar um pouco de felicidade. Mas muitos têm também o desejo de descobrir o sentido interior da vida. Este livro oferece respostas para muitas perguntas que talvez você não tenha conseguido formular conscientemente.

A terapia de Psicorregressão é importante para ajudá-lo a descobrir respostas, assim como são importantes a prece, a meditação, o ar fresco, uma dieta equilibrada, exercício, música, criatividade, o sol, a lua e as estrelas. Liberar emoções negativas, como raiva, pesar e mágoas passadas nos ajuda a apreciar mais facilmente a beleza que existe à nossa volta. Ficamos "mais leves" e mais conscientes quando estamos menos sobrecarregados pelas partes negativas de nós mesmos. Ficamos também sensitivamente mais sintonizados e somos capazes de olhar nos olhos de outra pessoa e compreender suas necessidades, sentir empatia por suas esperanças e sonhos e lutar para que eles se tornem realidade.

Podemos também descobrir o que realmente cria a negatividade ou o inferno dentro de nós. Ao compreender e reconhecer nossa negatividade, juntamente com nosso desejo de mudar, podemos eliminar esse carma negativo, conquistando mais espaço para descobrir o nosso verdadeiro potencial e o nosso verdadeiro poder. Tornamo-nos cada vez mais aptos a descobrir quem realmente somos, a descobrir o maior mistério de todos — nós mesmos.

A terapia é chamada de Psicorregressão porque trata da pessoa inteira, incluindo a mente, as emoções, o espírito e o corpo. Ao liberar todas as emoções negativas, o corpo físico vai ficando mais forte, impedindo que as disfunções se transformem em doenças. Procuramos fazer com que o paciente que vem para uma seção de terapia de Psicorregressão se sinta seguro, num ambiente agradável. Depois de relaxar num divã, ouvindo música suave, ele é levado, com toda a delicadeza, a um estado mais profundo de relaxamento que permite que seu interior volte no tempo para compreender as origens da fonte principal de seus problemas.

É bom enfatizar que não há hipnose envolvida nessa terapia. Uso a visualização dirigida, que é como sonhar acordado. No início, parece apenas que sua imaginação está à solta, mas depois você começa a perceber que reage com veemência ao que pensava ser apenas um vôo da imaginação. Na visualização dirigida, você mantém o controle e pode parar a experiência a qualquer momento, em questão de segundos, enquanto a hipnose o manteria preso nos limites da sua experiência.

Reviver momentos de vidas passadas não é doloroso nem perturbador. Você mantém sua objetividade durante quase todo o tempo, embora possa sentir cansaço ou hipersensibilidade emocional depois de uma sessão, [*mas*] *pode também se sentir feliz e relaxado. Resolver questões pendentes há milhares de anos produz uma enorme sensação de alívio.*

Artigo na revista *Woman*, abril de 1992

Existem vários livros sobre regressão, relatando experiências de gente que reviveu a infância ou traumas de vidas passadas. Uma parte do material que vem à tona durante essas experiências permite que a pessoa compreenda as razões dos medos interiores que talvez dominem sua vida presente. Isso pode ser fascinante e esclarecedor. Mas revela apenas a ponta do *iceberg* no interior da psique humana, que pode ser muito mais profundo do que conseguimos compreender intelectualmente, na medida em que abrange um vasto campo de experiências e condições passadas, associadas a muitas fraquezas e emoções não-resolvidas.

A terapia de Psicorregressão é muito diferente da terapia de regressão pura e simples, pois libera e transforma energias negativas, possibilitando uma união com o seu eu verdadeiro. Todos nós precisamos procurar o nosso Santo Graal pessoal, ou descobrir o nosso Deus interior. A terapia de Psicorregressão pode ajudá-lo nesses processos. Quando Michelangelo criou a figura de Davi, viu interiormente a forma gravada na pedra bruta. Precisou apenas tirar com o cinzel os pedaços indesejados. O mesmo princípio se aplica à esta cura sagrada (ela é sagrada porque a cura é divinamente motivada). As energias negativas que bloqueiam o seu poder são gradualmente transmutadas. O processo de cura pode ser uma verdadeira obra de arte, tornando possível a sua união com o coração de Deus e integrando essa essência dentro de você.

Se você está apenas curioso, achando que não tem negatividade alguma, regredir a partes de seu eu oculto será, no mínimo, interiormente gratificante. Mas, quando alguma coisa em sua vida o incomoda particularmente, a primeira pergunta a ser feita é, provavelmente, "Por quê?" Você pode tremer ou dar de ombros quando vê um rato, uma aranha, uma cobra, uma pessoa zangada; ou talvez se sinta comovido ao ver um fugaz pôr-do-sol, uma flor desabrochando, a felicidade de amantes ou uma criança chorando. Sua reação emocional sugere que os seus sentimentos foram desencadeados por algo muito mais profundo dentro de você. É claro que não dá para ficar questionando todas as suas reações: você não viveria a vida no presente. Mas é bom refletir sobre as emoções que o afetam. E se elas o transtornam profundamente, então a Psicorregressão pode ser uma maneira de compreender a situação que há por detrás das circunstâncias externas, assim como de liberar a negatividade e preencher o vazio com energia divina.

As memórias profundamente soterradas residem em nossa estrutura celular e ficam trancadas dentro de nós. O corpo pode ser comparado a um computador que armazena todas as memórias no interior das células e na aura (a emanação sutil que há em torno de nosso corpo físico). Essa informação pode ser relembrada a qualquer momento, desde que sejam digitadas as teclas certas, acessando a informação correta. Quando bem usada, a terapia de Psicorregressão tem a capacidade de chamar a informação programada, liberando as emoções negativas e não-essenciais, inundando a área com cor e energia divinas positivas, permitindo que um novo programa interior seja arquivado. Todo esse processo é divinamente conduzido, segundo a vontade livre de quem passa pela regressão. É uma forma de terapia muito ritualizada e sistematizada, não uma experiência intelectual. Os anjos (ver página 21) conseguem trabalhar livremente no interior desse sistema, ajudando a transformar toda a psique.

Mesmo que você não se submeta à terapia, este livro vai lhe dar uma idéia clara do que é realmente o carma e de como somos afetados por ele na nossa vida cotidiana. Você pode, então, se tornar um com esse conhecimento através de sua percepção interior. Ficará mais consciente, o que o tornará capaz de modificar suas atitudes negativas em relação a você mesmo e à vida em torno de você.

A terapia se desenvolveu através de mim, com a ajuda do meu Anjo da Guarda, com a assistência direta de planos interiores e a partir de ensinamentos e da ajuda de xamãs, mestres espirituais e mestres de cura de todo o mundo.

Com a Psicorregressão, posso conduzir as pessoas, através de uma viagem interior, até a fonte de seus problemas, de forma que consigam compreender o que realmente as perturba e não o que *pensam* que as perturba. O problema pode ser uma experiência negativa que ocorreu nesta vida, na infância ou numa encarnação passada. As emoções negativas relacionadas com acontecimentos passados são então liberadas. Isso é feito com a ajuda dos anjos e de outras presenças divinas. Um anjo é um ser espiritual capaz de afastar e transformar energia negativa num nível psíquico/espiritual, ajudando a pessoa a se curar. Os anjos são mencionados na Bíblia e em todas as religiões como intermediários divinos entre Deus e o homem. Há muitos tipos diferentes de anjos, que nos ajudam em nossa vida cotidiana, incluindo o nosso Anjo da Guarda pessoal, que nos acompanha durante a nossa vida inteira, 24 horas por dia.

Eu não curo. Funciono como um canal para instigar o fluxo de poder divino através da terapia, para que a energia dos outros se ponha em movimento. Trabalho com anjos, com guias espirituais e com o conhecimento que flui através de mim. Tenho um conhecimento interior, e a minha maneira de agir é gravada no meu subconsciente. Por isso, nem sempre é fácil para mim explicar intelectualmente cada detalhe. Não espero que todos os leitores tenham a mesma percepção e o mesmo conhecimento. No entanto, muitos de vocês serão capazes de sentir o significado e a compreensão que há por detrás das palavras. Assim, vocês entrarão em contato com outras dimensões da realidade.

A Psicorregressão não é apenas mais uma terapia. Abrange muito mais, tornando-nos capazes de compreender nossas origens e revelando muitos aspectos incomuns de nós mesmos. Ela nos ajuda a compreender como, através de nossas ações passadas, acabamos criando a estrutura do nosso ser atual. Além de uma estrutura físico-genética, trazemos dentro de nós uma estrutura psíquica. Essa estrutura psíquico-genética é a própria essência de nosso carma, que habita o interior de cada parte do nosso ser. Seu lado negativo pode ser transformado através de um método de cura em profundidade.

Precisamos compreender também por que criamos nossos próprios infernos pessoais. Se você parece estar atravessando um inferno, então precisa olhar bem no fundo de si mesmo e descobrir por que isso está acontecendo. Você não pode colocar a culpa nos outros ou reclamar de circunstâncias difíceis. Precisamos assumir a responsabilidade pelas nossas próprias ações. O dr. Carl Jung disse muitas vezes que o mundo exterior é um reflexo do eu interior. Assim, não há ninguém a ser responsabilizado, e nenhum lugar para onde correr e onde se esconder. É preciso enfrentar o problema de frente e ter coragem de lidar com ele.

Precisamos compreender totalmente o que é o carma antes de nos livrarmos dele através da Psicorregressão. Por isso, ele é explicado com detalhes no Capítulo 3.

Alguns agentes da cura sabem que certos danos que ocorreram há milhares de anos podem ainda estar localizados no interior da psique humana, originando áreas de fraqueza no atual corpo físico. Através da terapia de Psicorregressão, esses danos físicos podem ser curados com a ajuda dos anjos e do eu divino da própria pessoa. Este livro é o primeiro que descreve com detalhes os danos psíquicos.

Ele também o conduzirá a muitos aspectos ocultos da verdade, especialmente neste tipo de cura, que são muito mais surpreendentes do que a melhor ficção científica (a realidade geralmente é muito mais estranha que a ficção). Partes de nosso espírito podem ter ficado aprisionadas em outras zonas do tempo. O Capítulo 6 examina este fenômeno e explica como as partes aprisionadas do eu podem ser libertadas.

No Capítulo 7, você descobrirá também algumas das causas do trauma sexual e como elas podem ser trabalhadas através da regressão sexual, que é um ramo da terapia de Psicorregressão.

O Capítulo 8 é dedicado a algumas descobertas psíquicas incomuns, como por exemplo a regressão substituta, ou os aspectos psíquicos da transfusão de sangue.

Na última parte deste livro (Capítulo 9) discuto as subpersonalidades e como elas podem afetar a nossa vida no presente. Explico como é possível liberar os aspectos negativos da personalidade passada e enfatizar os positivos, para chegar a uma melhor integração do verdadeiro eu.

Quando todas as energias negativas passadas tiverem sido transmutadas, então é possível descobrir quem realmente somos. Assim, poderemos entrar em contato com nossos poderes fundamentais (ver Capítulo 10), criando um corpo luminoso, que não é mais bloqueado por emoções passadas negativas.

Este livro lhe fornecerá informações essenciais que o conduzirão na direção correta, tornando-o mais consciente de aspectos sutis do seu ser, que até agora têm passado despercebidos. Ele não vai ensiná-lo a ser um terapeuta ou um xamã pois, para isso, você teria que fazer um treinamento altamente especializado. As pessoas que quiserem aprender esta terapia precisam ser intuitivas e espontaneamente capazes de acompanhar e assimilar rapidamente as informações. Precisam também ser dedicadas, pacientes e ter muita disposição física. Para praticar este tipo de terapia é preciso aprender a trabalhar sem nenhum julgamento pessoal, o que não é fácil. Mas existe uma oportunidade para aqueles que procuram trabalhar em profundidade a psique humana. Uma de minhas metas nesta vida é poder formar novos terapeutas de Psicorregressão, para ajudar as pessoas em todo o mundo. Para ser capaz de realizar este trabalho você precisa ter uma profunda compreensão das leis naturais que governam a vida cotidiana. Essas leis naturais são simples e de bom senso, tanto do ponto de vista lógico quanto do espiritual. Quando são transgredidas, seja por ignorância seja por negligência, isso geralmente provoca o caos para todos os envolvidos.

Por exemplo: se alguém concebe uma criança em embriaguez alcoólica ou num ímpeto de luxúria, cria-se o tipo errado de energia, permitindo que o espírito da criança seja vulnerável demais a influências externas negativas, o que pode provocar muitos problemas, inclusive a possessão por espíritos. Se uma criança é constantemente exposta ao ódio e à raiva dos pais, naturalmente será afetada por isso, ficando com essas emoções negativas dos pais em sua psique. Se uma menina recebe informações equivocadas sobre menstruação ou nascimento de bebês, isso pode levá-la a uma experiência dolorosa ou atemorizante. A criança que vive num ambiente em que o sexo é considerado sujo, errado, baixo ou carnal, vai crescer com esses condicionamentos e talvez nunca venha a ter um relacionamento sexual harmonioso.

Ao compreender e assimilar o conhecimento contido neste livro, é possível tomar consciência das dimensões ilimitadas que fazem parte da psique humana.

1
Psicogenética

A compreensão da psicogenética em oposição à fisiogenética

A criação

No princípio era Deus, a fonte da energia infinita e não-manifesta. Do interior dessa grande extensão de não-forma, as sementes do amor incondicional começaram a germinar. O nascimento do amor começou a se manifestar naturalmente. E Deus criou o céu e a terra. Tudo era silêncio e trevas sobre a terra e, então, Deus criou a luz. Separou a luz das trevas, criando o equilíbrio e a harmonia. A claridade foi chamada dia, e representava aquilo que pode ser visto. A escuridão foi chamada noite, representando aquilo que comumente não pode ser percebido.

Então Deus separou as águas do firmamento, criando a terra e o céu, separando da terra as águas e os mares. Criou a abundância sobre a terra: árvores, flores e frutos. Criou as estações do ano e também o sol, a lua e as estrelas. Criou um verdadeiro paraíso de delícias, com pássaros, animais, répteis e insetos de muitas espécies.

Depois de criar o céu e a terra e tudo o que estava em cima e dentro da terra, Deus criou o homem e a mulher à sua própria imagem. Deu-lhes o Jardim do Éden (ou inocência perfeita) e o dom do livre-arbítrio. Eles tinham liberdade para deixar o estado de inocência e comer o fruto da Árvore do Conhecimento, do bem e do mal. Assim, poderiam conhecer os caminhos do mundo, perceberiam a diferença entre bem e mal, compreenderiam o ódio de maneira a conhecer o amor e sentiriam solidão de modo a apreciar totalmente o amor de Deus.

Adão e Eva estavam num estado eufórico de inocência. Quando Eva (ou a intuição) finalmente decidiu comer o fruto da Árvore do Conhecimento, conseguiu facilmente induzir Adão (ou a mente lógica) a fazer a mesma coisa. Isso não se deu por acidente, mas foi parte do plano divino que os levou ao portal do conhecimento do bem e do mal. Como tudo o mais, a serpente foi também uma parte vitalmente importante do grande processo evolutivo. Se tivessem continuado eternamente num estado de "doce inocência", isso teria gerado um êxtase pouco saudável, que provavelmente teria interrompido o processo da criação.

Durante suas vidas, Adão e Eva conheceram a tristeza e a alegria, além da diferença entre o bem e o mal. Perderam certamente sua inocência, mas ganharam sabedoria através dos sofrimentos e dificuldades que encontraram. Precisaram abandonar seu estado infantil para lutar e conquistar um novo estado de consciência: a sabedoria da inocência.

A serpente fez uma promessa a Eva quando esta hesitou antes de comer a maçã, o fruto proibido da Árvore do Conhecimento: "Se comerem desse fruto, certamente não morrerão." A serpente estava falando a verdade quando disse: "Seus olhos certamente se abrirão e vocês serão como Deus, conhecendo o bem e o mal." É preciso compreender os diferentes níveis de morte, pois a vida é um contínuo processo de morte e renascimento. Adão e Eva morreram quando sua inocência perfeita lhes foi tirada ao comerem a maçã. Então, renasceram numa diferente compreensão da vida, assim como uma criança passa por diferentes estágios de desenvolvimento. Quando alcançamos a maturidade, passamos por muitos estágios de morte e renascimento para, uma vez mais, ganhar conhecimento, sabedoria e pureza.

O Deus que há no interior de cada um de nós sabe que não é possível chegar a um estado iluminado de consciência numa só vida. Que não conseguimos compreender, numa só vida, os sentimentos de um homem e de uma mulher, de um ladrão, de um santo, de um pecador ou de um rei. O Deus que há dentro de cada um de nós sabe que precisamos ter muitas experiências em diferentes tipos de corpos antes de começarmos a compreender e a sentir, dentro do coração, os impulsos da compaixão e do amor ilimitados de Deus. Para se tornar divino, é preciso tornar-se humano.

A marca psicogenética

A grande roda do renascimento começou a girar de uma vida para a outra, passando por muitas coisas maravilhosas e descobrindo dons criativos, artísticos e científicos dos quais nem se suspeitava.

Através desses dons especiais, podemos penetrar mais profundamente em diferentes aspectos da vida, tornando-nos mais sagrados. No entanto, durante essa busca pela totalidade, é natural que cometamos muitos erros. Às vezes ficamos orgulhosos demais de nossas realizações; outras vezes ciumentos, vingativos ou zangados. Às vezes essas emoções não ferem apenas a nós mesmos, mas também aos outros.

Quando esses sentimentos negativos não são expressos, tornam-se algo parecido com tumores cancerosos no interior do nosso corpo físico e do nosso corpo emocional. A raiva queima a delicada estrutura da aura (nosso revestimento psíquico em forma de ovo) que protege o corpo físico. O ódio bloqueia as energias mentais e emocionais, impedindo-as de interagir de maneira adequada com o ambiente. E assim é com a ganância, a indolência, a inveja, a amargura, a depressão e o desespero. Seja qual for a emoção negativa, ela inibe a maravilhosa e ilimitada essência do amor. Somos seres criativos com grande potencial, mas as partes negativas não-resolvidas criam fardos que pesam muito dentro de nós. Quando negligenciadas, essas emoções negativas penetram mais fundo na mente, nas emoções e no corpo. Cada emoção não-resolvida se transforma numa espécie de fóssil, gerando sua própria marca psicogenética.

A estrutura fisiogenética que habita o interior das células do corpo absorve as características físicas do pai e da mãe, assim como os traços dos ancestrais. Trazemos também as características mentais e emocionais de nossos pais e de nossos ancestrais.

Como diz a Bíblia: "Os pecados do pai são punidos através das gerações." Estamos nos referindo, aqui, a padrões genéticos físicos, mentais e emocionais relacionados com as experiências desta vida. Temos, então, padrões psicogenéticos positivos e negativos a serem integrados e harmonizados. Isso é parte do grande processo alquímico divino. Não estamos tentando transformar chumbo em ouro, mas energias estáticas e sem vida na pura essência dourada do amor incondicional.

Estamos exatamente na mesma trilha do destino de Adão e Eva, pois trazemos dentro de nós as sementes da estrutura psicogenética, assim como as da estrutura fisiogenética. Estamos trilhando o caminho que leva na mesma direção: o amor ou conhecimento direto de Deus. Como qualquer um de nós pode sobreviver sem o alimento do amor? É essa essência especial que impele o núcleo, cria a estrutura atômica, equilibra os espaços entre os átomos, mantém o sol e a lua no céu, anima o corpo físico e energiza o ar que respiramos. Quando esta energia é amplificada bilhões de vezes, num estado de meditação, ou quando tocamos a barra do manto do amor, só então temos um pequeno vislumbre do infinito.

Como resolver nossas complexidades

Para sermos capazes de expandir nossa consciência a essas esferas ilimitadas de energia, precisamos, antes, trabalhar todas as complexidades não-resolvidas que habitam dentro de nós.

Quando alguém embarca na sua busca pessoal pela consciência de Deus, é como se começasse uma aventura muito pessoal e muito especial. Pode ser uma viagem emocionante, mas também perigosa. Quando aparecem as dificuldades ou o perigo, a pessoa tenta, muitas vezes, convencer a si mesma de que tudo está bem. Mas, na verdade, há muito a ser compreendido sobre determinadas atitudes mentais ou emocionais ou sobre idéias fixas.

Se, por exemplo, temos medos irracionais, precisamos perguntar por que esses medos existem. Se temos fortes sentimentos de ódio contra uma determinada pessoa, contra uma cultura ou uma raça, isso indica a existência de experiências não-resolvidas que precisam ser compreendidas. Quando descobrimos que estamos vivendo conforme as atitudes negativas de nossos pais, temos a possibilidade de compreender que trazemos, no interior de nossa estrutura psicogenética, além de nossas emoções não-resolvidas, as emoções de nossos pais. Isso é algo muito comum, que só precisa ser reconhecido no interior de nós mesmos. Trazemos também, no interior de nossas células, as memórias positivas e negativas da nossa infância nesta vida. Somos seres sensíveis e receptivos demais, trazendo dentro de nós memórias que há muito tempo foram esquecidas no plano consciente.

Temos também, dentro de nós, condicionamentos religiosos e culturais com os quais não temos nenhuma relação direta. O fato de encarnar numa determinada raça ou religião indica que o indivíduo precisa aprender alguma coisa especial dessa crença ou experiência em particular. Mesmo que seja apenas tornar-se forte o bastante para se elevar acima de qualquer religião ou raça, de maneira a se unir à própria identidade, sem seguir cegamente os outros. Quando perguntamos a alguém qual a sua religião, geralmente a pessoa diz que é protestante, ou católica, ou seja qual for a religião de seus pais. Isso parece bastar, em vez da busca individual pela experiência religiosa e pela verdade espiritual.

Muitos vivem algum problema dos pais, além de seus problemas pessoais. Carregam, até mesmo, a sombra não vivida de seu pai ou de sua mãe. Uma fobia pode pertencer ao pai ou à mãe, como por exemplo o medo da morte, o medo das outras pessoas ou do sexo, a compulsão para o álcool, o medo de voar, o medo de altura. Se há uma fraqueza semelhante no bebê, o problema dos pais simplesmente amplifica o problema existente. Quando a lembrança está cercada por emoções não-resolvidas, ela pode ficar trancada em outra zona do tempo, e a parte inconsciente do eu é absorvida pelo problema. Quando isso acontece, muita energia vital é desperdiçada na luta para manter a lembrança negativa mergulhada muito abaixo da superfície da mente consciente.

Cada um está num estágio diferente de desenvolvimento de seu processo evolutivo. Mas todos nós sofremos de problemas semelhantes, pois temos corpos humanos e, portanto, emoções humanas. Alguém pode ter sido, por exemplo, um monge tibetano e praticado muita meditação e purificação. Nesse caso, talvez não precise passar nesta vida por tanta regressão e purificação quanto alguém que desperdiçou uma vida anterior em estupor alcoólico ou perdeu seu tempo precioso em ociosidade. Somos tão diferentes uns dos outros que não é possível especular sobre o desenvolvimento espiritual de outra pessoa.

Alguns têm grande desejo interior de mudança, enquanto outros são simplesmente curiosos. Todos os motivos são bons, mas os curiosos geralmente logo ficam aborrecidos e estão sempre procurando novas sensações, resistindo à mudança ao atravessar um estágio difícil de seu desenvolvimento. Por outro lado, quando alguém deseja genuinamente mudar, permanece fiel a si mesmo, atendo-se a seu processo de crescimento interior.

Maneiras de transformação

Todas as terapias que vamos examinar abaixo são perfeitamente válidas, cada qual à sua maneira, dependendo muito das necessidades específicas daquele que está em busca do processo interior de transformação. Vamos descobrir aqui os principais pontos em comum e as principais diferenças entre terapia de Regressão, terapia de Pré-Criação e terapia de Psicorregressão.

Terapia de regressão simples

A terapia de regressão é praticada há muitos anos. É uma regressão simples, que permite que você volte no tempo até sua infância ou a experiências de vidas passadas. Assim, você pode saber e sentir o que foi em outras vidas, revivendo memórias passadas através da visualização e da hipnose. Isso se aplica também a experiências de infância vividas nesta vida. A regressão também ajuda a trabalhar um determinado medo/fobia/obsessão, ou a compreender a causa de um problema específico. Há quem queira trabalhar só isso numa terapia. Na regressão é comum as pessoas se sentirem mais como "vítimas" do que como "algozes". No entanto, a alma precisa experimentar de tudo, inclusive ser "algoz" em sua viagem para a totalidade.

A regressão sob hipnose pode, por exemplo, reprogramar a mente, quando alguém quer parar de fumar ou de comer demais. Mas quando não se compreende a razão do problema, ele não está realmente resolvido. Fica apenas temporariamente mascarado. Como esse tipo de regressão simples — sob hipnose ou através da visualização — geralmente não libera as emoções negativas correspondentes e as condições psíquicas que cercam a experiência, elas permanecem no interior da psique. *É a isso que chamamos de marca psicogenética.*

Depois de fazer regressão em meus pacientes durante muitos anos, compreendi que essa marca psicogenética é o veículo para todas as condições cármicas que residem nos órgãos e sistemas do corpo e da aura. Cada órgão tem uma história cármica pessoal a ser revelada. Para descobrir essa história, formulei/criei gradualmente as terapias da Alma e da Psicorregressão, que vou descrever abaixo.

Pré-Criação (terapia da Alma)

Esta terapia é chamada também de *terapia da Alma*, porque a consciência do paciente volta no tempo (guiada pelo terapeuta) até antes da criação — quando era parte da unidade divina — para ser energizada através da *pura essência* de sua alma divina. Depois de absorver essa energia através da visualização dirigida, o paciente consegue ver (através de seus olhos espirituais e com uma consciência maior) seu corpo deitado no divã. Consegue, então, localizar a causa principal de seu problema, aprisionada em vários órgãos do corpo ou no interior da aura. Essa é a marca cármica psicogenética que cada um leva consigo, em sua psique, de vida em vida, até que todas as energias negativas se resolvam por vontade própria.

A terapia de Pré-Criação libera todas as emoções negativas e as condições psíquicas correspondentes. Isso se faz sem que seja preciso reviver a causa do problema relacionado com um trauma passado, c terapia de regressão simples. Assim, a Pré-Criação (terapia d mite liberar as camadas de energia negativa mais próximas da Essas camadas de energia penetraram na estrutura psicogenética, durante séculos, o corpo e a alma.

O processo para liberar emoções negativas passadas pode ser comparado ao processo de descascar uma cebola ou de retirar pedras encontradas numa exploração geológica. Uma camada é liberada ou removida e outra aparece, até que o âmago da fonte original do problema venha à luz.

A Pré-Criação permite liberar as emoções negativas sem necessidade de reviver o trauma que cerca a liberação dessas emoções. Finalmente, é preciso compreender as circunstâncias relacionadas com o trauma e os medos, assim como a razão do surgimento dessas energias negativas. Mas se houver muito medo de passar por uma regressão, pode ser melhor liberar os medos e as energias negativas através da Pré-Criação, antes de encarar suas origens através da terapia de Psicorregressão.

Terapia de Psicorregressão

A terapia de Psicorregressão permite transmutar e integrar aquilo que o dr. Carl Gustav Jung chamou de “Sombra” — a parte não integrada da psique. Muita gente não percebe o seu lado sombrio a ser transformado. Geralmente, as pessoas nesse estágio de evolução se prendem mais às experiências físicas e emocionais, omitindo o desenvolvimento interior e, portanto, a mudança (mas, como a própria vida é mudança, ela não pode ser evitada). No entanto, é necessário chegar a um estado interior em que realmente se queira compreender o eu antes de agir conscientemente.

Na Psicorregressão você vai liberando todas as condições negativas associadas à lembrança do passado, além de ir localizando as circunstâncias traumáticas do passado relacionadas com a causa fundamental dessa condição.

Primeiramente, é preciso ficar bem relaxado no divã e fortalecer as energias, visualizando-se num lugar bonito da natureza, absorvendo as energias harmoniosas à sua volta (essa visualização é conduzida pelo terapeuta). Então, o espírito estará pronto para voltar ao passado. Às vezes, o paciente se vê viajando em seu corpo até a origem do trauma.

A Psicorregressão permite entrar no trauma, além de liberar as emoções negativas correspondentes. Podemos ter, por exemplo, uma vaga lembrança

‸uma morte violenta em outra vida, que talvez se manifeste como um ‸edo irracional — o medo de gás, por exemplo, relacionado com a morte causada por inalação de gás, ou o medo de água, relacionado com a morte por afogamento, ou o medo de altura, relacionado com alguma morte ou acidente do passado.

Esse é o estágio seguinte da terapia de Psicorregressão e de Pré-Criação. Em ambas as terapias, quando o paciente se encontra no estágio apropriado, *descrito anteriormente, na explanação sobre cada terapia*, ele é capaz de recriar as emoções negativas com a ajuda dos sons sagrados que vêm através da voz do terapeuta. Isso permite que a terapia flua com mais facilidade. Neste estado especial de consciência, o paciente sabe exatamente onde a emoção negativa está localizada, seja no corpo físico ou na aura. Nesse estado, o paciente não espera saber: ele sabe que sabe.

Instruído pelo terapeuta, o paciente ergue automaticamente um dedo da mão esquerda ao sentir a energia negativa na superfície. O lado esquerdo é o lado receptivo e intuitivo do corpo, e o que está mais próximo do coração. Ao ver esse sinal, o terapeuta sabe que o paciente está pronto para a liberação da energia negativa. Os chocalhos cerimoniais são espontaneamente usados pelo terapeuta para recriar essa energia. Quando a energia se forma muito devagar, o terapeuta faz o som do chocalho ficar mais alto para ajudar a romper a energia negativa estática. Em outras ocasiões, usa um som muito suave, que ajuda a cura e o fortalecimento da área afetada.

Então, o paciente visualiza o chakra, ou estrutura psíquica protetora (ver Glossário), se abrir na área do trauma. Os chakras que cobrem os principais centros do corpo podem ser comparados a lindas flores se abrindo. Se o bloqueio não estiver na área coberta pelo chakra, então o paciente visualiza a estrutura psíquica da pele se abrindo, o que permite a saída da energia negativa. Com a ajuda de seu Anjo da Guarda, dos quatro Arcanjos e de outros ajudantes espirituais, o paciente visualiza também a aura se abrindo para que a energia negativa saia dos órgãos, atravessando a aura.

Os anjos e outras energias divinas também são chamados para liberar e transmutar imediatamente essa energia. Não tenho nenhuma dúvida sobre a ajuda dos anjos. O paciente, por sua vez, pode ver interiormente ou simplesmente saber que isso está acontecendo.

Vários médiuns e videntes já me observaram enquanto praticava essa terapia e "viram" a energia negativa deixar o paciente. Alguns dizem que ela tem forma de fumaça negra ou cinzenta, e outros dizem que a energia tem formas demoníacas ou cores sujas. Outros, ainda, viram os anjos levando embora as energias negativas durante este processo sagrado de cura.

Às vezes, as energias cheiram mal ao serem liberadas. O cheiro desaparece rapidamente à medida que as energias são transmutadas pelos anjos. Os cheiros negativos são a exceção e não a regra e, felizmente, senti poucas vezes esse mau cheiro das energias negativas. Mas, quando isso ocorre, é um verdadeiro acontecimento, pois prova, para possíveis céticos, que *alguma coisa* está acontecendo.

Quando as energias negativas são liberadas, a área trabalhada fica repleta de energia divina, que pode ser de qualquer cor (tudo isso é dirigido pelo terapeuta e pelos anjos). Então, essa área é ligada a uma força angelical para ser fortalecida. Os chakras são reequilibrados e a aura se inunda de energia divina. A ligação entre o Anjo da Guarda e o paciente é fortalecida através da visualização interior.

No final de uma sessão, o espírito e a alma são novamente unidos ao corpo físico que está deitado no divã. Assim, o paciente tem a sensação de que está ligado fortemente ao corpo físico. Depois de alguns minutos de readaptação, massageio o topo da cabeça do paciente para ligá-lo ainda mais ao corpo físico, agradecendo aos ajudantes divinos antes de concluir a terapia.

Não existe uma panacéia milagrosa que faça alguém mudar. Na verdade, é preciso estar disposto a sentir quem e o que você realmente é. Não há nenhum feiticeiro ou mágico que possa "melhorar tudo" para você, com uma varinha de condão. Isso precisa ser feito por cada um, com a ajuda de analistas/terapeutas experientes que tenham adquirido um conhecimento especial e uma profunda compreensão do lado "Sombra" das pessoas.

Falando através de seus medos

Ajuda muito falar de seus medos com um conselheiro ou com um psicólogo. Mas precisamos compreender exatamente a causa do medo e liberar o trauma ligado ao acontecimento. Quem faz terapia com um psicólogo, tem muitas oportunidades de expressar e discutir construtivamente sentimentos não-resolvidos e anseios frustrados, liberando um pouco da raiva reprimida. A expressão desses sentimentos permite que a pessoa se torne muito mais consciente das suas reações emocionais diante de si mesma e diante do mundo à sua volta. Este é um método muito eficaz de soltar emoções profundamente bloqueadas, mas ainda assim é preciso liberar essas emoções negativas.

Quem já fez psicoterapia geralmente responde bem às minhas formas específicas de terapia de regressão, pois suas emoções costumam estar muito próximas da superfície. São, em geral, pessoas hipersensíveis. Sentem agudamente cada emoção e tendem a se identificar com os "pecados do mundo", assim como a sentir empatia exagerada pelos problemas dos outros. Nesse estágio, estão maduras e prontas para compreender interiormente as verdadeiras fontes de seus problemas e para transmutar suas energias negativas.

O bloqueio pela negatividade no interior da psique pode ser comparado a um bloqueio no nível físico. Por exemplo, assim como uma prisão de ventre cria um bloqueio no nível físico, pode ocorrer algo semelhante no nível psíquico, inibindo o movimento, a energia, as idéias e a harmonia. Seja em que nível for, o movimento é essencial. Tomar um remédio para prisão de ventre ajuda a amolecer e soltar as fezes, mas não limpa necessariamente o intestino. Entretanto, quando é usado um remédio realmente próprio para a disfunção — que amoleça *e* libere — então o bloqueio é liberado sem desconforto. O corpo vai se sentir muito melhor e muito mais leve ao se livrar das fezes, em vez de retê-las em seu interior. É algo desse tipo que faz a terapia de Psicorregressão, com a liberação e transmutação de emoções negativas.

Pode ser desmoralizante fazer um longo tratamento com um psiquiatra sem perceber sinais sensíveis de mudança. Existem, é claro, psiquiatras excepcionais, espiritualmente orientados, com uma compreensão profunda daquilo que constitui o lado mais escuro da natureza dos homens e das mulheres, e que têm um verdadeiro conhecimento de seu potencial divino.

Mas, no geral, os psiquiatras e os psicoterapeutas ajudam seus pacientes a se conhecerem muito melhor, permitindo que enfrentem os problemas que geralmente encontramos nesta vida. Ajudam também seus pacientes a perceber por que agem de determinada maneira e a ter mais consciência daquilo que geralmente é considerado anti-social, difícil ou louco. É vital que o terapeuta não tente induzir o paciente a se conformar com um padrão estabelecido de comportamento. Por exemplo, se são incomuns o estilo de vida, a maneira de vestir ou as idéias de uma pessoa, ela é geralmente considerada "excêntrica", porque não age em conformidade com os padrões de comportamento considerados normais. Por isso, é essencial que o terapeuta tenha a mente muito aberta. Um psiquiatra ou terapeuta pode presumir que um paciente é mentalmente doente simplesmente porque consegue enxergar outras dimensões da realidade e falar com seres invisíveis — que o psiquiatra ou terapeuta não consegue ver ou ouvir. Se ele não tiver os mesmos dons de vidência, pode facilmente presumir que o paciente está falando com uma pessoa imaginária.

Não somos clones, mas seres individuais, com enorme potencial e criatividade ilimitada. Somos capazes de nos tornar tudo o que quisermos ser. Se estivermos preparados para investir tempo e energia em sonhar um sonho, ele pode muito bem se tornar realidade.

Dimensões diferentes

O tempo assume dimensões completamente diferentes fora dos domínios da mente. Reencarnamos muitas vezes, num período de milhares de anos, para compreender um pouco o amor incondicional, a humildade, o interesse, a paciência e a confiança. Durante todas as nossas experiências, no correr do processo de morte e renascimento, recebemos o dom do "livre-arbítrio". Isso significa, basicamente, que temos uma escolha: trabalhar com a revelação da vontade de Deus ou viver principalmente para nós mesmos e para nossos prazeres pessoais. Se os nossos desejos se tornam auto-orientados demais, podem adquirir vida própria, com a qual nos identificamos facilmente, imaginando que é isso a realidade. Assim, é possível que nos afastemos gradualmente da fonte divina de energia.

Criamos uma realidade artificial quando nos identificamos com sentimentos de cobiça, desejo, anseio ou egoísmo, e isso nos impede de compreender a nossa verdadeira identidade espiritual. Podemos até nos enganar, acreditando que a nossa máscara é a nossa verdadeira realidade. Talvez sejam necessárias muitas encarnações para compreendermos que temos a possibilidade de nos transformar e que precisamos assumir a responsabilidade de transmutar o nosso carma. Através de nossas ações passadas, criamos o nosso carma positivo e negativo. Esse carma habita o interior da estrutura psicogenética, em cada célula do nosso corpo e da nossa aura na vida presente. Essa marca do carma positivo e negativo revela o nosso nível pessoal de maturidade e totalidade espiritual.

Se, numa vida passada, fomos um gênio da música, um grande cientista ou artista, essas habilidades permanecem na nossa estrutura psicogenética. Talvez essa genialidade do passado não esteja ativa na vida presente, pois pode ser necessário que se desenvolva um tipo totalmente novo de experiência de aprendizado, para que a psique se torne mais integrada. É por isso que muitos médiuns vêem potenciais artísticos, científicos ou musicais latentes no interior da nossa aura, sem que esse potencial tenha sido desenvolvido nesta vida específica.

Durante uma sessão de Psicorregressão, o eu interior do paciente sabe com certeza que fonte da experiência precisa emergir num dado momento. Não ocorrem apenas lembranças negativas, pois as experiências que vêm à superfície podem ser positivas e agradáveis.

Havia uma mulher que estava convencida de que tinha tido uma infância muito infeliz. Voltou a seus primeiros anos durante a regressão, mas as lembranças que reviveu eram bastante agradáveis: os longos verões, os piqueniques, as colmeias de abelhas no jardim, o cheiro de grama recém-cortada e a ligação que sentia com a natureza. Depois da regressão, ficou indignada por não ter percebido que tinha sido feliz em seus primeiros anos. Na verdade, tinha sempre considerado banais as experiências mais felizes. Não era isso que esperava, pois achava que ia surgir alguma coisa muito mais dramática. No entanto, seu eu interior foi mais sábio, indicando que ela não devia considerar sua infância como um desastre total. A partir dessa experiência, ela aprendeu também a não considerar a vida como algo banal.

Um jovem alemão tinha grandes expectativas em relação às suas existências anteriores. Imaginava ter sido no mínimo um césar ou alguém igualmente importante. Mas seu eu interior era sábio e o levou à fonte de seu trauma: seu pai o pegou brincando com os órgãos genitais e bateu nele com tanta força que ele desmaiou. Seu problema estava relacionado com uma profunda culpa sexual, que precisava ser resolvida. As visões de grandeza encobriam seus profundos sentimentos de inaptidão sexual.

O eu interior sabe exatamente onde está a fonte do problema e conduz a pessoa até o trauma. Às vezes, é preciso liberar muitas emoções superficiais antes de chegarmos à verdadeira fonte da dor. "Medo do desconhecido", "medo de se soltar", "medo do fracasso", "ceticismo" ou "dúvida em relação a si mesmo", por exemplo, são emoções que podem ser liberadas através da terapia de Pré-Criação. É possível chegar à causa do problema de lidar com os medos iniciais, revivendo a lembrança através da terapia de Psicorregressão. Esse tipo de tratamento dispersa os medos, permitindo que o paciente enfrente e compreenda o trauma sem se afogar na camada emocional.

Um homem ficou muito angustiado ao voltar centenas de anos a uma vida em que foi torturado. Na época em que o conheci, eu ainda não tinha desenvolvido o meu trabalho terapêutico de Pré-Criação e, portanto, não consegui dispersar o trauma, liberando primeiro a camada emocional. Esse pobre rapaz passou por algumas experiências pesadas, como a dor física e emocional de ser torturado como feiticeira. Se estivesse tratando dele agora, liberaria primeiro o revestimento emocional e dispersaria a dor das camadas superiores de suas emoções, para que ele não reagisse tão intensamente ao trauma associado a essas experiências.

Quando alguém libera as emoções relacionadas com um acontecimento passado, compreendendo o trauma e por que ele ocorreu, então uma consciência maior começa a se desenvolver: os traumas passados vão se soltando como folhas mortas no outono, preparando o novo começo.

O velho adágio "conhece-te a ti mesmo" continua a ser tão importante quanto sempre foi. Precisamos ser objetivamente conscientes das inconsistências no interior da nossa constituição mental e emocional, e ter coragem e percepção para encarar quem realmente somos, sem as distorções provocadas pelas fantasias que temos em relação a quem *gostaríamos* de ser. Para chegar ao céu, precisamos encarar o inferno, que talvez esteja instalado dentro de nós há séculos.

2
Nossos infernos pessoais

Carma não-resolvido ou problemas autogerados, provocados pelo medo

Os homens e as mulheres são o microcosmo do macrocosmo. Tudo o que há dentro de nós se reflete no mundo exterior e nossas atitudes revelam nossos verdadeiros sentimentos em relação a nós mesmos. Por exemplo: não tolerar multidões ou só gostar de um certo tipo de pessoa revela a existência, dentro de nós, de algo não-resolvido ou internamente inaceitável. Muitas vezes, as atitudes rígidas ou sistemas de crença ultrapassados remontam a uma encarnação anterior. Às vezes, uma idéia persiste por várias vidas porque a atitude correspondente permanece não-resolvida. Pode-se comparar o padrão psicogenético a um computador. Se não nos programarmos corretamente, assimilando e compreendendo a experiência pela qual estamos passando, então o exercício ficará incompleto. Assim como no caso do computador, os resultados dependem daquilo que colocamos no sistema.

Às vezes nós nos perguntamos por que temos preferências ou aversões tão fortes diante de uma determinada situação que, nesta vida em particular, pode não constar do nosso repertório de referências ou experiências. Muitas partes de nossas experiências passadas, ou de nossa programação, ficam presas à freqüência errada, e isso explica por que podemos agir irracionalmente ou "fora do nosso estilo".

Carma não-resolvido

Hoje em dia, é rara a consciência de que trazemos conosco tudo o que somos. Somos a soma total do nosso passado, positivo e negativo. Trazemos o céu dentro de nós, assim como nossos infernos pessoais. Precisamos compreender e integrar os aspectos positivos e negativos de nossas experiências passadas. É a isso que se chama carma, ou lei de causa e efeito. Carma é uma palavra sânscrita que significa o nosso destino como algo determinado pelas nossas ações em existências anteriores, afetando, naturalmente, a nossa vida presente.

Existem, no entanto, diferentes tipos de carma, que podem ser compreendidos e integrados. Todos nós temos um carma religioso, sexual, monetário, grupal e racial, além do nosso carma pessoal. Todos esses aspectos vão surgindo naturalmente, na seqüência certa, durante a terapia. Cada indivíduo é único, assim como o carma que vem à superfície.

Medos inexplicados

Havia uma moça que tinha horror a monges com longos mantos brancos de capuz. Sempre que via um monge ficava muito agitada. Uma vez, ela estava dando uma caminhada quando viu dois monges que passavam. Sentiu-se muito mal e desmaiou. Quando começou a fazer Psicorregressão, descobriu que tinha sido torturada por monges, por prática de feitiçaria, durante a Inquisição. Sem saber disso, tinha se tornado uma bruxa também na vida presente: não quebrou o padrão inconsciente de "vítima" e continuou a ter esse terrível horror por monges. Quando isso veio à tona, e ela conseguiu compreender a natureza de seu problema — liberando as emoções negativas relacionadas com o acontecimento, revivendo e compreendendo a situação — seu medo interior foi finalmente resolvido.

Uma jovem mulher casada escreveu para mim sobre um medo muito real. "Sou uma mulher casada e tenho filhos. Quando era adolescente, eu me envolvi com uma seita cristã muito fanática. Precisei abandonar essa seita antes que a experiência destruísse a minha mente. Mas, depois de abandoná-la, fiquei atormentada pelo medo do inferno." Sua pergunta era: "Será que isso é conseqüência de tantos sermões sobre o fogo do inferno ou de alguma vida passada?" Minha resposta foi: "Possivelmente, essa experiência detonou lembranças profundamente enterradas, relacionadas com uma experiência de vida passada. Por exemplo: você pode ter vivido no tempo da Inquisição, correndo o risco de ser torturada e queimada como bruxa. A experiência nesta vida ativou, obviamente, a lembrança soterrada lá no fundo, trazendo-a à superfície da mente subconsciente e gerando um tormento na vida atual."

O passado pode afetar a vida presente de muitas maneiras. Algumas são sutis, mas outras, quando não-resolvidas, podem influir fortemente no desenvolvimento interior. Neste caso, talvez seja necessário voltar outra vez para tentar resolver esse carma negativo.

No corpo errado

Conheci um rapaz que tinha o forte desejo de ser mulher, um sentimento que o acompanhava pela vida inteira. Sentia que estava no corpo errado e que nunca seria amado por ninguém enquanto fosse homem, apesar de não ser homossexual. A maior parte do tempo vivia tomado pelo forte anseio de ser mulher e, com quase 40 anos, decidiu fazer uma cirurgia para mudar de sexo.

Uma operação desse tipo é muito desgastante e traumática até mesmo para um jovem e, como ele já tinha mais idade, foi aconselhado pelo médico a não fazer a cirurgia e a procurar ajuda psicológica. Mas ele se recusou e continuou determinado a fazer a operação. Sua mediunidade era forte e por isso ele tinha vagas lembranças de ter sido mulher numa encarnação anterior, de ter uma família, de ter sido amado e feliz. Mas tudo isso se acabou num terremoto. Esse conjunto de circunstâncias, felizes mas traumáticas, haviam ocorrido muitas encarnações antes de sua vida atual. Como nunca mais conseguiu ser emocionalmente feliz desde a encarnação em que foi essa mulher, estava convencido de que não poderia ser feliz como homem. No entanto, não estava disposto a modificar seu estado de angústia através de uma terapia de regressão ou com ajuda psicológica. Assim, mudou seu corpo, para que este ficasse de acordo com seu estado de espírito e com seu carma passado. Teria sido muito mais simples se fizesse o contrário.

Vivendo com culpa

Era uma vez um jovem muito esforçado, mas emocionalmente retraído. Tinha poucos amigos e não conseguia ter um relacionamento mais profundo no nível pessoal ou sexual. Seus relacionamentos sexuais eram muito superficiais, e ele não sabia muito sobre o amor. Descobriu que a origem de seu problema estava a quatrocentos ou quinhentos anos antes de sua vida presente. Vários amigos seus daquela época, incluindo sua namorada, pertenciam a uma seita religiosa que as autoridades procuravam destruir. Descobriram que ele conhecia as pessoas envolvidas e o forçaram a revelar-lhes os nomes, o que fez para salvar a pele. Todos os seus amigos, inclusive sua namorada, foram enforcados. Depois disso ele se tornou um recluso, vivendo sozinho com sua culpa. Nunca mais conversou com ninguém e levou sua culpa para o túmulo.

Na vida presente, era muito deprimido e emocionalmente retraído, mas não sabia por quê. Quando voltou a essa experiência específica, durante a terapia, viu a razão que estava por trás da culpa e da depressão e compreendeu que estava mascarando uma profunda insegurança e um grande medo da morte. Depois disso, tornou-se uma pessoa muito mais leve e de convívio mais fácil. Seus relacionamentos pessoais se tornaram mais profundos e muito mais significativos.

Diferentes tipos de carma

Carma religioso

Nosso carma religioso depende de como o nosso eu interior assimila experiências e crenças e as transforma no conhecimento interior de quem realmente somos. Isso permite que compreendamos as raízes da nossa existência espiritual sem especulações intelectuais.

Na Bélgica, um rapaz teve uma experiência fascinante, durante a regressão, a respeito de suas raízes espirituais. Voltou ao início dos tempos, sentindo como era estar com Deus. Durante essa parte inicial da regressão, sentiu a alegria de conhecer a Deus quando era um anjo, sem vontade de ir a lugar algum, pois estava num estado atemporal de inocência e êxtase, como Adão no Jardim do Éden. Deus se comunicou com ele através da grande unidade da vida, dizendo-lhe que ele precisava viajar através de outras dimensões do ser para ajudar formas menos desenvolvidas de vida. Ele não queria fazer nada disso, pois estava muito feliz e não queria ir a parte alguma.

Mas, como não tinha escolha, seguiu a palavra de Deus ou o Impulso Divino. Assim, deixou o estado de inocência, ou Éden, e viajou a outros mundos para ajudar almas que estavam iniciando sua jornada evolutiva. Ele sabia que precisava passar pela experiência de viver em vários tipos de corpos e em diferentes tipos de mundos. Como era bissexuado, tinha que passar pelas experiências humanas de ser homem e de ser mulher para compreender suas forças, fraquezas, potenciais e sonhos. Nesta encarnação, decidiu, quando jovem, estudar medicina e cura, continuando o trabalho de Deus num mundo bem físico. Depois dessa experiência ele compreendeu que até os anjos têm, à sua maneira, muito o que aprender e que também podem ser egoístas, apesar de suas tentações serem bem diferentes das nossas. Sorrindo, recomendei que, para seu próprio bem, não saísse por aí dizendo que era um ex-anjo. As pessoas poderiam achar que ele estava louco ou, quem sabe, sentir ciúme de sua experiência.

É costume dizer que a realidade é mais estranha que a ficção e, depois de tudo o que aprendi com a terapia de regressão, acredito realmente nisso. Hoje em dia, nunca sei com quem estou falando... pode ser um anjo ou até o Papai Noel!

No entanto, a religião pode ser a principal causa de muitos problemas complexos que habitam o interior da nossa marca psicogenética. A integração desses problemas leva à harmonia e ao equilíbrio interior. Em outras vidas, muitos de nós fomos freiras, monges, céticos ou fanáticos. A alma humana precisa reencarnar, assumindo diferentes tipos de personalidades, e precisamos ser capazes de compreender todas essas emoções e sentimentos multifacetados, assimilando-os na nossa consciência como um todo. Quando chegamos a esse estado, tornamo-nos um com toda a vida, sem barreiras que nos separem de qualquer forma de vida.

Fico surpresa com o fato de certas pessoas acreditarem que é possível realizar tudo isso numa única vida. Seria ingenuidade pensar que, mesmo no espaço de umas dez vidas, é possível passar por todos os aspectos das emoções, superando as experiências negativas. Não podemos estabelecer quantas vidas viveremos porque alguns de nós aprendem mais depressa do que os outros. Isso depende do quanto queremos nos tornar conscientemente próximos do Deus dentro de nós. E da nossa disposição para abandonar o que não é essencial, aproveitando, ao mesmo tempo, nossas vidas no interior do corpo físico, aqui e agora.

Os monges, as freiras e os ascetas tendem a se concentrar em outros mundos e dimensões, pois a qualidade da existência pós-vida é a sua meta essencial. Muitos religiosos celibatários realizam um trabalho altruísta pela comunidade e pelo bem da humanidade, deixando de lado suas próprias necessidades emocionais e sexuais. Quando alguém vive muitas vidas voltadas para a religião, geralmente tem, no interior de sua marca psicogenética, uma longa história, que passa por várias reencarnações, repleta de idéias arraigadas sobre pecado, luxúria e sexualidade. Essas idéias geram, inconscientemente, desequilíbrios ainda mais profundos ao alienar o espiritual do físico.

Buda se refere constantemente ao Caminho do Meio. Parece que ainda temos uma longa distância a percorrer nesse caminho em direção à totalidade e a esse abençoado estado de inocência, onde não existem mais opiniões e idéias fixas. Aqueles que não conseguem reconciliar os impulsos sexuais com os espirituais — vendo-os de perspectivas muito diferentes — parecem viver um grande conflito interior. Como são interiormente programados pelas lembranças de reencarnações passadas, vêem tais impulsos como um dilema ameaçador, como emoções irreconciliáveis que devem ser ou ignoradas ou reprimidas.

Mesmo que tenhamos sido monges, freiras, ascetas andarilhos, ou que tenhamos pertencido a determinada seita ou religião — com idéias rígidas a respeito da natureza de Deus e da espiritualidade — ainda assim temos que descobrir nosso estado interior de equilíbrio. Se, por acaso, achamos que somos a Virgem Maria ou Jesus Cristo, o Diabo ou um filho de Satanás, essas idéias precisam ser trabalhadas e retiradas de nossa complexa programação interior. Há muitos medicamentos homeopáticos para quem acredita ser Jesus Cristo, a Virgem Maria ou, até mesmo, um arlequim. Outros medicamentos são indicados para os que se sentem possuídos por duas vontades e para os que temem fantasmas ou demônios. Há vários medicamentos, classificados na *Homoeopathic Materia Medica* de Boericke, para esses problemas específicos. Muitos já tiveram esses problemas ao longo dos séculos e precisaram ser libertados desses padrões fixos de pensamento.

Carma financeiro

O carma financeiro também diz muito sobre quem realmente somos. No decorrer de muitas vidas, passamos pela experiência de ser extremamente ricos e também conhecemos a pobreza, com todas as suas limitações. Em algumas vidas, podemos ter sido pobres mas felizes, enquanto em outras fomos ricos e paranóicos, imaginando que todos à nossa volta estavam atrás do nosso dinheiro. Parece que são necessárias muitas vidas para aprendermos as lições da riqueza e da pobreza. Quando temos riquezas, temos medo de perdê-las. Quando somos pobres, geralmente não conseguimos imaginar uma forma de mudar a situação, apesar de sentirmos que merecemos coisa melhor. No entanto, como já vimos, é possível mudar o rumo do carma.

Quase todos são muito sensíveis em relação ao fato de terem ou não dinheiro, expondo-se por isso a sentimentos desnecessários de culpa e insegurança. Muitas vezes, transformam o ato de ganhar dinheiro numa tarefa árdua, em vez de permitirem que seja uma fonte de criatividade e alegria. Dinheiro é energia e dá grande liberdade de movimento e criatividade, que pode ser mal-usada ou usada construtivamente. Um avarento é emocionalmente doente, enquanto o esbanjador está certamente compensando alguma coisa que falta em sua vida. Ter a perspectiva correta em relação ao dinheiro é compreender realmente a si mesmo e confiar no fluxo da abundância. Dando, certamente receberemos.

Quando aprendemos a ter discernimento em relação a quem damos dinheiro, então os outros também podem se beneficiar com isso. Quando procuramos nos agarrar ao dinheiro, bloqueamos o fluxo natural do seu potencial de ajudar a nós mesmos e a outras pessoas que estão realmente passando por necessidade. Se não resolvermos nossas atitudes em relação ao dinheiro nesta vida e se permitirmos que a avareza ou a hipergenerosidade nos controlem, criaremos para nós infernos que terão de ser superados em outra vida, reencarnando com a energia ainda não-resolvida.

Carma sexual

O carma sexual afeta a quase todos, pois todos tivemos experiências sexuais não-resolvidas em outras vidas, assim como condicionamentos religiosos, sociais, familiares e de infância na vida atual. Há muitas experiências que é preciso compreender, a respeito dos aspectos psíquicos do trauma sexual. Por isso, devotei o Capítulo 7 à regressão sexual, pois a área sexual parece preocupar a maior parte da espécie humana.

Carma de grupo

O carma de grupo também nos afeta. As pessoas não escolhem apenas resolver seu carma pessoal: suas almas também escolhem o país ou o grupo racial em que devem encarnar. Os índios norte-americanos dizem que passamos por todas as raças e culturas durante o grande ciclo da vida e do renascimento. Precisamos também passar pela experiência de ser negros, brancos, amarelos, vermelhos e mestiços para compreender a essência cultural do Judaísmo, do Islamismo, do Cristianismo e do Budismo, para citar apenas algumas poucas possibilidades.

Depois de encarnar várias vezes nas principais religiões do mundo, perdemos a nossa ligação com qualquer forma rígida de dogma ou teologia, o que nos torna interiormente aptos a ser mais fortes através da diversificação espiritual. É preciso ser uma pessoa invulgar e forte para romper com o carma do grupo e desenvolver sua própria identidade espiritual. Mas isso só é possível quando a pessoa não está mais emocionalmente ligada a um grupo, quando não tem mais medo de trilhar sozinha o caminho pessoal do seu destino.

O carma de grupo também pode assumir uma forma totalmente diferente. Grupos de indivíduos que talvez nem se conheçam morrem juntos, num acidente de avião ou de trem, ou em alguma outra situação assim. Acontece também de alguém fazer de tudo para pegar um avião, e circunstâncias que parecem estar além de seu controle o impedem de embarcar, salvando-lhe a vida. (Se o momento exato da nossa partida desta vida é planejado, pode-se então presumir que há uma ligação entre pessoas reunidas para um mesmo evento, mesmo que seja para partir desta dimensão para a próxima!) Há muitas formas sutis de carma de grupo. Podemos ter pertencido a determinados grupos de pessoas em vidas passadas e, por causa de carmas grupais não-resolvidos, reencarnamos juntos nesta vida. Mas, à medida que alguém se torna espiritualmente mais consciente, desenvolve uma antena espiritual que o torna apto a evitar, conscientemente, os desastres de grupo.

Carma racial

O carma racial reflete os aspectos positivos e negativos de cada indivíduo do grupo. As várias raças do mundo têm diferentes tipos de lições cármicas a serem assimiladas, como força, persistência, desapego e generosidade. Quando alguém precisa aprender muito intensamente uma determinada lição, seu eu interior talvez escolha encarnar numa cultura racial que esteja no processo de aprender essa mesma lição. Dessa forma, terá a oportunidade de ver seus problemas emocionais refletidos na situação racial, o macrocosmo refletindo o microcosmo. Durante o nosso trajeto evolutivo em direção à totalidade, precisamos compreender as lições cármicas relacionadas com todas as raças e culturas para nos tornarmos completos.

Todas as lembranças raciais e culturais do passado habitam o interior de cada célula de nossos corpos, de nossas mentes e de nossas emoções. Precisamos também compreender por que sonhos não-resolvidos, profundamente enterrados, emergem periodicamente daquilo que tentamos manter no inconsciente. Precisamos também saber por que, no presente, temos problemas em determinadas áreas da vida e por que odiamos ou amamos certas pessoas, enquanto somos totalmente indiferentes a outras; por que certas coisas nos aborrecem enquanto outras nos enchem de alegria e de uma sensação de liberdade; por que somos atraídos por certos tipos de pessoas com determinadas características físicas e, finalmente, por que tudo isso importa tanto!

A primeira prioridade é mudar a si mesmo. Krishnamurti disse uma vez: "Você não pode mudar o mundo; pode apenas mudar a si mesmo, e isso, por sua vez, mudará o mundo..."

Pontos fracos e sobrecarga emocional

Cada parte de nosso corpo tem uma história cármica a revelar, dependendo de experiências de vidas passadas e do fato de uma determinada parte do corpo ter sido afetada de maneira positiva ou negativa. Quando há muitas experiências negativas localizadas numa área específica, essa área é muitas vezes chamada de "ponto fraco", pois geralmente ocorrem problemas físicos relacionados com essa área. Alguém que foi torturado, esmagado, ou feito em pedaços numa encarnação anterior, tende a ter muitos "pontos fracos". Quem sente dor numa determinada área do corpo, para a qual a medicina tradicional não consegue descobrir uma causa física, é considerado hipocondríaco ou, no mínimo, neurótico.

Uma mulher regrediu para a parte mais fraca do seu corpo: a vesícula. Enquanto regredia, percebeu interiormente que sua experiência tinha ocorrido na América, no início do século XIX. Foi com estas palavras que ela descreveu essa experiência: "Está claro, estou ao ar livre, o céu está azul, cercas e cavalos, um curral, as pessoas estão a cavalo, estou com botas de caubói e esporas. Estou montado num cavalo, usando calças de couro, protetores e uma camisa. Sou um rapaz de uns vinte anos, estou chicoteando o cavalo nas patas traseiras, me exibindo. Alguns homens estão apoiados numa porteira me olhando. Meu cavalo caiu de lado e eu caí no chão... foi tudo muito rápido. O cavalo levantou e pisou em mim... na área da vesícula. Sinto uma dor terrível, mas não estou morto. Estão me levantando pelos braços e me deitando numa cama, num barracão. É um dia muito quente, o sol está quente... parece que eles não podem fazer muito por mim, estou com calor, não estou totalmente consciente. Meu corpo parece estar inchado... estou assustado... eles cobriram meu corpo e não consigo ver onde estou... quero dormir... É uma pena deixar o corpo, tenho tanto a fazer... está tão quente... eles vêm e olham para mim. Eu queria muito viver mais. Era um belo rapaz e poderia ter feito muitas coisas."

Depois de reviver essa experiência através da Psicorregressão e de liberar as emoções negativas de arrogância, teimosia e orgulho, sua vesícula foi ficando fisicamente mais forte e adquiriu muito mais vida e energia.

Outra mulher também regrediu à parte mais fraca do seu corpo: o útero. A primeira coisa que viu foi ela mesma de pé, em cima de uma fogueira ainda apagada, fortemente amarrada a uma estaca. Ela se sentia como uma jovem e ficou com muito medo quando percebeu que ia ser queimada viva por prática de feitiçaria. Viu muitos homens encapuzados em volta da fogueira, esperando para assistir ao espetáculo. Seu terror aumentou quando atearam o fogo e um medo terrível a dominou no momento em que se deu conta de que a criança que carregava no ventre morreria também.

Depois dessa regressão, as emoções liberadas do útero foram "mágoa", "raiva", "ressentimento", "medo" e "terror", além de um sentimento de perda.

A liberação da sobrecarga emocional

Uma pessoa sensível que tenha uma sobrecarga de traumas emocionais em várias partes do corpo, pode sentir-se pouco à vontade sem saber por quê. Talvez espere que comprimidos ou umas férias resolvam o problema. Mas, quando esses traumas chegam a infeccionar internamente — ainda irresolvidos — essas emoções tornam-se ainda mais entranhadas na estrutura psicogenética dos órgãos individuais, ou até mesmo no corpo inteiro e na aura. O mal físico no interior de um órgão é a derradeira manifestação de uma doença. Quando a sobrecarga emocional é liberada através da terapia, os órgãos ficam mais relaxados e energizados. O paciente começa a sentir mais vida no corpo e na aura e não precisa mais gastar sua energia para manter o trauma no subconsciente. A energia divina que permeia todas as coisas vivas pode então fluir com mais facilidade por todos os órgãos e sistemas. São liberados, assim, os infernos interiores que atormentam as emoções e a mente, que, por sua vez, afetam o funcionamento harmonioso do corpo físico.

Podem-se localizar muitos outros fatores psíquicos negativos ao se fazer uma regressão para os órgãos: carmas não-resolvidos, incluindo feitiçaria, magia negra, possessão por espíritos e danos psíquicos. Os aspectos mais esotéricos de algumas causas psíquicas da doença serão descritos nos capítulos seguintes.

O céu realmente existe dentro de nós. Ninguém pode nos prometer o céu ou nos ameaçar com as chamas do inferno, pois ambos estão no interior de cada um de nós. O inferno interior pode ser formado por problemas criados por nós mesmos, causados pelo medo, pela fobia ou pela culpa, em qualquer um de seus muitos disfarces. Por outro lado, esse inferno pode ser um carma não-resolvido que precisa ser superado.

3
Para compreender o carma negativo

Quando as pessoas falam em carma, costumam imaginá-lo como um formidável inimigo escuro e imutável, contra o qual pouco podem fazer. É quase sempre tratado como uma doença incurável, pois muita gente ignora totalmente que é possível liberar o carma, ou lado sombrio do eu, em suas inúmeras formas. A palavra carma geralmente é usada com muita liberalidade, referindo-se a todas as ações passadas não-resolvidas, que se acumularam ao longo de muitas vidas.

É claro que cada qual está num estágio diferente de crescimento espiritual e de desenvolvimento evolutivo. Assim, não há uma medida comum para sabermos quanto carma individual precisamos liberar. Se, por exemplo, alguém foi, numa vida recente, um monge budista que meditava no Himalaia, talvez não tenha tanto carma negativo a ser liberado quanto alguém que desperdiçou seu tempo precioso fazendo muito pouco por si mesmo ou pelos outros. Só podemos trabalhar com aquilo de que somos feitos interiormente. Se somos egoístas, avarentos e sem interesse pelo mundo à nossa volta, então é isso que projetamos.

No entanto, podemos fazer uma diferença entre os efeitos de ações positivas e negativas, passando por muitos tipos diferentes de encarnações que nos ensinam a arte do discernimento.

Geralmente, levamos séculos para começar a sentir o despertar interior do amor incondicional, da humildade e da confiança no Deus interior. Uma vida é um período de tempo curto demais para aprendermos as lições que são o motivo da nossa encarnação. Mesmo antes da concepção já sabemos por que estamos encarnando e por que escolhemos aqueles pais em especial.

Quando escolhemos uma vida familiar difícil, talvez com pais divorciados, ou na qual a nossa concepção foi um "acidente", é provável que estejamos procurando ganhar força, compreensão ou desapego. Ou talvez tenhamos escolhido vir para ajudar os pais através dos quais encarnamos.

Não existe acidente, mas apenas escolha interior consciente, resultante de ações em existências passadas. Precisamos compreender que qualquer ação positiva ou negativa realizada nesta vida tem repercussões. Quando prejudicamos os outros, prejudicamos automaticamente a nós mesmos. Como todos nós somos um, não podemos impedir que isso aconteça. Quando jogamos uma pedrinha numa piscina de água limpa, as ondas se espalham. Mas quando a harmonia é restabelecida, elas voltam a ser uma coisa só com a piscina.

Talvez tenhamos, no nosso banco de memória cármica psicogenética, experiências de alguma vida em que fomos grandes artistas, músicos, filósofos, cientistas ou escritores. Talvez tenhamos ficado, durante essa existência, obcecados demais por esse determinado aspecto de nós mesmos, negligenciando outros tipos de experiência. Por isso, essa habilidade específica não vem à tona até que as outras partes de nós mesmos tenham se desenvolvido igualmente. Talvez tenhamos sido videntes, mestres de cura, padres, monges, magos, sumos sacerdotes ou feiticeiros — e talvez tenhamos, de alguma maneira, abusado de nossos poderes.

A culpa relacionada com ações passadas, incluindo o abuso do poder espiritual e psíquico, permanece na mente, nas emoções e no revestimento áurico agindo como um câncer psíquico. Enquanto permanecerem ignoradas e não-resolvidas, essas energias continuam a se acumular nos vários níveis do nosso ser; além de se instalarem nas diferentes camadas sutis de energia dos campos áuricos, fixam-se também na nossa estrutura celular, afetando a mobilidade física dos órgãos e o fluxo do sangue. Todas essas emoções não-resolvidas e congestionadas minam a vitalidade física, manifestando-se, às vezes, como "depressão sem motivo", padrões irracionais de pensamento e sentimentos terríveis de desespero.

Alguns tipos negativos de carma

Quando alguém se prepara para matar um dragão, é bom que tenha alguma idéia sobre a natureza do monstro. Se São Jorge tivesse fingido que o dragão não existia, teria sido morto por ele. Não se pode ignorar com ingenuidade os componentes do carma e a maneira pela qual ele afeta a nossa personalidade. Se ignorarmos essas implicações, podemos ser comparados ao avestruz que enterra a cabeça na areia, imaginando que nada vai feri-lo se continuar nessa posição.

Como a Pandora da mitologia grega, precisamos abrir a caixa da mente inconsciente para revelar e depois transmutar a natureza sombria de nossas atitudes passadas. Como Pandora, nós também precisamos de esperança, de força de vontade, de integridade e verdade antes de embarcarmos na busca pela totalidade. Nas antigas escolas místicas egípcias, os iniciados que procuravam se purificar do carma negativo tinham que passar por um mínimo de 360 horas de purificação. Depois disso, eram colocados num sarcófago, com todas as funções do corpo suspensas por três dias e três noites. Durante esse tempo, eram retirados de seus corpos físicos e precisavam encarar todos os seus carmas — incluindo espíritos, demônios, influências de magia negra, maldições, pactos maus, talvez com o próprio diabo — que tinham se acumulado em existências anteriores. Se, durante esse período, o iniciado mantinha a confiança em Deus, estava absolutamente seguro. As energias eram liberadas e transmutadas sob a orientação de Deus e com a ajuda dos anjos, assim como de outros ajudantes divinos. Mas quando tinha medo, identificando-se demais com as energias, não conseguia concluir o processo de iniciação, tendo que passar por ele outra vez, possivelmente na mesma vida. Mas o mais freqüente era ele ganhar força interior para completar o processo iniciático em outra encarnação.

Na vida agitada que levamos hoje em dia, quando a maioria luta para sobreviver com decência, sustentar a família ou simplesmente para ser feliz, os templos de iniciação parecem sonhos apagados de uma época distante. A idéia de transplantar essa possibilidade única para os séculos XX e XXI não ocorre a muitos. No entanto, há várias religiões e disciplinas espirituais que possibilitam a purificação. Por exemplo: a Sagrada Comunhão da Missa permite maior energização e revitalização através do poder do Cristo vivo; diferentes tipos de cura ajudam no tratamento de males físicos, emocionais e psíquicos; os índios norte-americanos têm tendas especiais, aquecidas como saunas, que ajudam a purificação em todos os níveis; a meditação — incluindo o Sistema de Meditação Sahaj Marg, que ajuda seus praticantes a resolverem o carma negativo e a se tornarem unos com Deus — limpa a mente e permite que se estabeleça uma ligação com o divino.

Até agora não surgiu um sistema de purificação abrangente, que sirva também para o homem comum, que não segue necessariamente algum tipo de dogma ou caminho religioso. No entanto, há lugar para um sistema de purificação desse tipo na vida de pessoas que estejam lutando para se sustentar, que estejam envolvidas num relacionamento amoroso ou que estejam gozando totalmente a vida. Não há regras externas a serem obedecidas. É necessário apenas ouvir a voz da intuição e seguir as inclinações da alma.

Influências externas

Geralmente, vivemos várias vidas antes de tomarmos consciência do fato de que existe um carma negativo a ser transmutado e um carma positivo a ser enfatizado. Como já foi mencionado, a estrutura psicogenética habita o interior de cada célula e de cada órgão do nosso corpo, sobrepondo-se, ao longo dos séculos, como as camadas de uma cebola. As emoções negativas, profundamente enterradas, atraem todos os tipos de resíduos psíquicos.

Nunca somos possuídos ou tomados por alguma influência externa, a menos que haja uma fraqueza correspondente dentro de nós. Há muitos tipos diferentes de espíritos, demônios e diabos que são fortemente atraídos por diferentes tipos de fraquezas humanas e pelas vibrações de certos lugares. Alguns desses seres esgotam a força vital física. Há muitos demônios externos que ficam aprisionados no plano terrestre por causa de problemas ligados a seus próprios processos evolutivos. Durante suas vidas neste plano, eles são fortemente atraídos por fraquezas correspondentes nos seres humanos, pois isso lhes dá mais energia vital, que lhes permite perpetuar sua existência. Existem também demônios e espíritos criados pelo próprio indivíduo, que o dr. Carl Jung, sendo um analista, chamou educadamente de "complexos autônimos". São energias negativas que se acumularam ao longo de várias encarnações, atraindo outras formas psíquicas de vida, em conseqüência do carma não-resolvido. Essas formas de vida absorvem muita energia para gerar e prolongar suas vidas, às vezes por milhares de anos, até serem finalmente localizadas, transmutadas e absorvidas pela unidade ilimitada de toda a vida.

Um de meus mestres espirituais, o bispo Richard Palatine, descreveu graficamente essas criaturas como "imagens ameaçadoras", criaturas de todas as formas e tamanhos, de aparência muito semelhante à das emoções negativas, das quais se alimentam. Os artistas Hieronymus Bosch e Salvador Dali parecem ter tido uma boa idéia de sua aparência retratando-as com detalhes surpreendentes em muitas de suas obras de arte. O tradicional diabo vermelho ou preto, com chifres e rabo, aparece em muitas pinturas sagradas da Igreja Católica Romana, além de ser retratado em várias formas de arte religiosa por todo o mundo.

Essas criaturas são manifestações da energia que se separou da fonte de toda a vida, gerando o seu próprio caminho involutivo de autodestruição. Não são "felizes" no sentido que damos a essa palavra, mas sua atração pelo caminho da autodestruição é significativa para elas, pois é a idéia que têm de criatividade. É inútil sentir pena, pois elas se alimentariam da nossa pena. A compaixão sem apego é a atitude mais segura a tomar.

Essas criaturas não conseguem continuar a viver no interior da psique humana depois de terem sido reconhecidas e identificadas pela pessoa da qual estão vivendo. Quando isso ocorre, e a vítima "quer" interiormente ficar livre, o espírito ou demônio não tem escolha e precisa deixar o corpo e a aura onde se instalou.

Ao fazer contato direto com o Eu superior durante a Psicorregressão, a pessoa recebe muito apoio e assistência espiritual. Os Quatro Arcanjos estão sempre presentes durante a terapia, ajudando a transmutar a energia negativa. Gabriel, o Anjo do Amor, transmuta as energias negativas. Rafael, o Anjo da Cura, cura o corpo e a aura depois de as energias negativas terem sido liberadas. Uriel, o Anjo da Verdade, remove todas as distorções. Miguel, o Anjo Guerreiro, transmuta os espíritos, demônios e outras energias adversas. O Anjo da Guarda do paciente e seus auxiliares também ajudam a limpar e a transmutar as energias negativas.

Geralmente, as pessoas não se preocupam muito com o destino dessas influências — espírito, demônio ou fantasma — aprisionadas na psique humana e capturadas pelas emoções negativas. Nesse estágio, são incapazes de abandonar a atração magnética que sentem no caminho involutivo da autodanação. Mas, quando a pessoa realmente *quer* que a entidade parta, só então ela terá a oportunidade de alterar o seu padrão evolutivo.

Durante o transcorrer da terapia, a energia negativa se rompe e vem à superfície do órgão, do corpo ou da aura. O chakra, ou estrutura psíquica protetora, se abre através do poder da conexão interior do ser humano com a unidade divina. A energia é então liberada e transmutada pelo poder de Deus e com a ajuda dos anjos. Isso só dá certo quando se age em conjunto com a vontade livre do paciente. É por isso que esse tipo de terapia sagrada não pode ser realizada por meio da hipnose, pois a participação espiritual é um dos ingredientes vitais para um bom resultado.

Os demônios, espíritos e outras formas de energia psíquica negativa têm muitas características diferentes e são bastante reais para quem é possuído ou afetado pelas suas influências malignas. Quem tem fraqueza por álcool atrai espíritos que vivem dessa fraqueza da vontade, assim como da energia etérica que permeia o álcool. Isso gera uma compulsão ainda maior, atraindo outros espíritos, demônios e elementais, que se alimentam de energias como auto-indulgência, voracidade, falta de auto-estima. É possível que o demônio da autodestruição, a influência negativa, esteja preparando o terreno para o nascimento de algo ainda mais insidioso.

Como reverter o processo

É essencial reconhecer o que está realmente acontecendo conosco antes de começarmos a reverter o processo. Geralmente, isso não acontece num lampejo: são necessárias muitas encarnações para que a pessoa se concentre apenas no processo de reverter e liberar o próprio carma. Se esse processo de autodescoberta é tratado como uma aventura e não como uma tarefa, então o interessado sem dúvida vai chegar com mais facilidade a bons resultados.

Sempre dou um sorriso quando alguém me diz que esta é a sua última encarnação, que não precisa mais voltar a este plano terreno, pois já transmutou todo o seu carma negativo. Mesmo que estivesse absolutamente correto, nesse estágio de evolução a alma se torna tão cheia de compaixão, que certamente desejaria voltar para ajudar outras pessoas a encontrar a unidade. No Budismo, o Bodhisattva, ou Iluminado, continua a encarnar até que a última folha de capim esteja iluminada, pois seu amor pela humanidade é parte da grande unidade da vida. Depois de liberarmos nosso carma a esse ponto, receberemos o mesmo privilégio do serviço divino, como o Bodhisattva.

Um Iluminado tem profunda reverência e amor incondicional por todas as formas de vida, por mais adversas, em hábitos ou natureza, que possam parecer. O planeta Terra é um cadinho onde se misturam todas as formas de dualismo. As energias divinas lutam constantemente para reconciliar o equilíbrio na criação, que está além do domínio dos opostos. A menos que sejamos capazes de sentir a unidade mística de toda a vida, através dos momentos de êxtase durante a meditação, do amor incondicional ou de alguma forma de intensa criatividade, só conseguiremos perceber o mundo dualisticamente.

Somos condicionados, desde a infância, a viver dentro dos limites dos opostos: macho e fêmea, noite e dia, preto e branco, bom e mal. Quando estive na Índia com meu mestre espiritual, Sua Santidade Shri Ram Chandra, fiz a ele uma pergunta que julgava ser muito incomum e, na época, não consegui prever que tipo de resposta ele me daria. Eu disse: "Mestre, o que há além da luz?" Ele me olhou diretamente e respondeu: "Uma espécie de obscuridade." Ele estava me dizendo que há um estado além da luz, um dualismo que não pode ser compreendido intelectualmente.

Quando Ram Chandra se fundiu a todas as formas de vida, tornou-se capaz de elevar e transformar a energia involutiva que tinha se destacado da essência divina, gerando suas próprias existências isoladas. Ele transmitia a energia divina diretamente às pessoas enquanto estas meditavam, tornando-as aptas a liberar seus carmas. Às vezes ocorria uma regressão espontânea, ou os discípulos sentiam as energias negativas sendo transmutadas no corpo ou na aura. Através desse sistema de meditação, é possível liberar gradualmente muitos tipos de energias negativas, que Ram Chandra chama de "pesos" ou "sanskaras" (impressões de carmas passados). Essas energias têm relação com vidas passadas e se encontram no interior da psique, sendo equivalentes à marca psicogenética. Em 1977, tornei-me instrutora do sistema de meditação Sahaj Marg. Isso significa, basicamente, que o Divino Mestre pode trabalhar através do meu veículo físico durante o curso de uma transmissão que ocorre durante o exercício da meditação, permitindo que outras pessoas liberem seus sanskaras (ou carma negativo) através de Sua Divina Graça. Há muitos instrutores em vários países do mundo, que, através do poder do Mestre, conseguem ajudar os outros a liberar o carma negativo.

Além de ter me tornado um canal para transmissões espirituais, continuei meu trabalho de cura e pesquisa. Ram Chandra achou que era bom prosseguir o trabalho nas duas direções, pois uma complementa a outra.

Muitos anos depois de minha visita à Índia, compreendi interiormente que o Sistema de Meditação Sahaj Marg (Caminho Natural) abrangia, espontaneamente, todo o trabalho e todas as pesquisas que eu havia formulado, de maneira totalmente diferente, dentro do sistema de terapia de Psicorregressão. Continuei a trabalhar com os *abhyasi* ou aspirantes do sistema Sahaj Marg, pois compreendi que algumas pessoas são naturalmente atraídas pela meditação e que, portanto, esse sistema de purificação funciona melhor para elas. Mas aqueles que não eram especialmente atraídos pela meditação reagiam melhor à Psicorregressão, enquanto outros, como eu, compreendiam o valor dos dois métodos, reagindo bem a qualquer um dos dois. Ram Chandra compreendeu exatamente como o meu trabalho estava caminhando e o que poderia surgir, aconselhando-me, até mesmo, a anotar todas as minhas descobertas.

A Sombra

Apesar de haver, intrinsecamente, apenas uma vida, todos os tipos de manifestação dessa grande força vital passam por um processo evolutivo individual, que é sempre único. Isso inclui todas as manifestações daquilo que, geralmente, chamamos de "Sombra". Ela abrange todos os nossos carmas passados não-resolvidos, carmas que deixamos germinar através dos séculos por não termos consciência da presença divina no nosso interior. Através do pensamento equivocado e da ação egoísta, atraímos magneticamente um verdadeiro exército de criaturas parasitárias de diferentes tipos, que se alimentam da nossa força vital enquanto continuamos a considerá-las parte de nós.

É através do processo de reencarnação que aprendemos, lentamente, a diferenciar a verdade sobre quem e sobre o que realmente somos da falsidade das energias que têm uma qualidade semelhante à do camaleão. Astuciosamente, essas energias fingem ser parte da nossa personalidade, com o intuito de prolongar sua existência. As informações a respeito dessas criaturas certamente não são novas: mentes escolásticas escreveram obtusamente sobre elas nos malcheirosos anais da demonologia. Mas essas informações acrescentam pouco sobre a maneira pela qual essas criaturas afetam, mental ou emocionalmente, o homem moderno em sua existência cotidiana.

Ainda temos idéias bastante simplistas a respeito de pessoas classificadas como mentalmente insanas ou criminosas. Mas me parece óbvio que é preciso procurar a origem de alguns desequilíbrios na multidão de espíritos que habitam o mundo de sombras que existe no nosso interior.

Algumas manifestações da Sombra

Os discípulos de Jung falam muito da "Sombra", sem definir exatamente o que significa esse termo que, como um guarda-chuva, parece cobrir quase todos os complexos, conhecidos e desconhecidos. Os junguianos que conheci no decorrer dos anos não foram capazes de explicar satisfatoriamente nem mesmo alguns dos componentes mais ocultos da "Sombra", apesar de se considerarem autoridades no assunto (é bom observar que é quase impossível alguém ser "uma autoridade" em qualquer assunto, pois há sempre algo novo a ser descoberto). O termo "sombra" normalmente é usado pelos junguianos, mas começou a ser mais aceito por outras escolas de pensamento, assim como por aqueles que trilham o caminho espiritual sempre que está em pauta a palavra carma. Aquele que faz a viagem interior sabe, pelo menos, que precisa trabalhar a sombra para transcender o carma negativo ligado à existência passada ou atual. Esse viajante deve, finalmente, compreender que não pode se livrar de nada e deve ter mais consciência de que, ao ferir os outros, fere a si mesmo ainda mais profundamente, criando teias cada vez mais envolventes, que precisam ser desemaranhadas em outras encarnações.

Há muitos tipos diferentes de espíritos, de elementais (ver páginas seguintes), de anjos negros, assim como outras influências psíquicas negativas que se prendem a quem se envolveu com artes negras em vidas anteriores. Podem também se prender aos que atraíram energias negativas, vivendo desarmoniosamente em muitas encarnações sem sentir a necessidade da purificação espiritual que neutraliza essas influências invisíveis — mas pesadas — que bloqueiam o fluxo das energias divinas em sua vida presente. Essas influências inibem muitas atividades na vida da pessoa afetada, que talvez atribua tudo à má sorte.

É interessante notar que os negros, em geral, são muito mais ligados psiquicamente ao que está acontecendo no nível astral ou emocional. Eles sabem, por intuição, que há energias negativas envolvidas quando tudo dá sempre errado em áreas específicas de suas vidas. Muitas vezes um negro diz, espontaneamente e sem hesitação, que foi amaldiçoado. Ele desconfia que há uma força contrária agindo contra ele, que aparentemente escapa à lei da média, quando há muitos problemas ligados ao amor, ao dinheiro e à saúde. É claro que também há brancos que atribuem tudo às energias negativas. Mas isso geralmente é a exceção e não a regra na nossa civilização ocidental. No Oriente, não se descarta essa possibilidade: esse aspecto é levado em consideração quando é preciso enfrentar um problema importante.

Há muitos tipos de influências psíquicas que atrapalham a vida cotidiana. Seguem-se alguns exemplos muito comuns que afetam pessoas de todos os tipos, sendo que essas influências se manifestam conforme a fraqueza correspondente no caráter de cada um.

Espíritos e entidades

São seres não-físicos que foram magneticamente atraídos por uma emoção negativa. Eles não têm, necessariamente, más intenções, e talvez residam na psique de um ser humano encarnado porque ainda se sentem muito ligados ao plano terrestre, não desejando passar para outra dimensão. Há outros tipos de espíritos e entidades, ligados aos espíritos dos mortos, que não querem mudar de ambiente. Eles são atraídos, talvez, pela mágoa, pela culpa, pela raiva e pelo ressentimento da pessoa que estão possuindo, para falar apenas de algumas possibilidades.

Há entidades e espíritos malvados, e outros que se alimentam basicamente de emoções negativas que lhes correspondem. A principal diferença entre espírito e entidade é que as entidades são seres que nunca foram humanos, enquanto um espírito é o elemento imaterial do ser humano, que não está ligado ao corpo. Há entidades e espíritos positivos e negativos, como os duendes, as fadas, os gnomos e os sátiros, para citar apenas alguns. Os espíritos negativos provocam caos e confusão, além de serem a principal causa dos chamados comportamentos irracionais.

Demônios

Muita gente ainda pensa nos demônios como pequenos diabos vermelhos ou pretos com chifres e rabos de pontas afiadas... o que às vezes é verdade. Mas a energia do demônio pode ser muito mais sutil. Às vezes, os demônios retiram energia de vários órgãos do corpo e habitam essas mesmas regiões; às vezes vivem na aura ou em volta do campo de energia que envolve o corpo físico. Os demônios geralmente são mais "sólidos", em sua realidade, do que a entidade ou espírito. Alguns demônios têm, certamente, caras feias (em outras palavras, são fortes o suficiente para revelar feições assim como características físicas). Outros se parecem mais com pedaços sujos de energia negativa e são de um tipo muito menos individualizado. Os demônios são mais raros que as entidades ou espíritos e geralmente se instalam em mais de um órgão do corpo para retirar energia.

Possessão animal

Este fenômeno não é compreendido e nem ao menos reconhecido no Ocidente... Há muitos filmes sobre lobisomens, mas raramente se acredita que isso possa realmente acontecer. O dr. Fraser Watts, do Medical Research Council, foi, pelo que parece, muito versado em licantropia (transformação de seres humanos em lobisomens) e na possessão por essas criaturas.

Os orientais, especialmente os chineses, parecem saber muito mais sobre possessão animal: Simon Lau, professor de Kung Fu e Qigong e autor de vários livros, tem muita experiência nesse campo, ajudando os outros a liberar os aspectos negativos de animais que bloqueiam a sua energia. Pessoas possuídas por animais podem realmente rugir como uns leões, deslizar pelo chão como cobras ou fazer ruídos de macaco.

Descobrimos, com a Psicorregressão, que os seres humanos também podem ser possuídos por pássaros, insetos, répteis e até mesmo por vermes, que se alimentam das energias negativas da psique ou são atraídos por uma experiência passada extremamente negativa. Seja qual for a razão, é possível eliminar essas possessões, junto com outras formas negativas de vida psíquica.

Magia negra e ligações negativas com a prática da feitiçaria

A magia negra e a feitiçaria afetam adversamente a psique, mas é necessário viver muitas encarnações para chegar ao equilíbrio divino e à unidade com Deus. Isso significa que precisamos passar pela experiência de ser todos os tipos de pessoas. Precisamos compreender o que é ser homem, mulher, artista, músico, cientista, santo, pecador, prostituta, assassino ou vítima. Assim, passamos por muitos tipos diferentes de experiências até ficarmos mais sintonizados com a vontade de Deus do que com os nossos desejos e vontades pessoais. Um diamante precisa ser cortado muitas vezes até refletir todas as suas facetas. Da mesma forma, continuamos a reencarnar até conseguirmos refletir o nosso verdadeiro brilho. Pensar que é possível viver muitas vidas sem nunca ter praticado magia negra ou formas negativas de feitiçaria seria considerar nossa integridade superior à de um santo. É preciso, no mínimo, ter a mente aberta em relação a essa possibilidade.

Na sua forma negativa, a feitiçaria é a manifestação direta de um procedimento ritual calculado, com o objetivo de restringir de alguma maneira outro ser humano ou de tomar alguma coisa que lhe pertence. Alguém que praticou feitiçaria negativa em outra encarnação, lançando encantamentos sobre os outros, também se prejudicou. Esses encantamentos precisam ser liberados, seja numa só vida, seja em 20 reencarnações. Como já disse, nós não nos livramos de más ações passadas, pois elas têm efeitos de longo alcance, provocando problemas a longo prazo, tanto para o agressor como para a vítima. Esses efeitos podem se manifestar na forma de doenças mentais e emocionais, assim como em obscuros problemas nervosos, geralmente rotulados como "problemas de origem psicossomática" ou "neuroses". É possível liberar todas essas maldições do passado através da Psicorregressão, possibilitando uma vida mais leve e mais feliz, muito mais em harmonia com o plano divino.

As influências da magia negra são o resultado da prática desse tipo de magia em outras encarnações. Pode-se também ser afetado pela magia negra devido a alguma fraqueza inerente à própria estrutura psíquica. O desejo de poder é um exemplo clássico. É possível termos ligações de magia negra com países ou pessoas que conhecemos em outras existências. Nesta encarnação, nós nos encontramos outra vez com esses países e pessoas, para aprender a lição que não aprendemos antes.

As influências da magia negra oriundas de outros países podem ter conseqüências devastadoras. Conheci um homem que foi ao Egito a passeio. Ficou muito doente, com um mal-estar no estômago conhecido pelos egípcios como "A Vingança do Faraó". Já estava doente há vários dias quando um guia turístico, um homem psiquicamente muito consciente, perguntou-lhe de que maneira tinha ofendido os faraós. Ele não soube responder a essa pergunta mas, ao voltar para a Inglaterra, começou a fazer terapia de Psicorregressão e conseguiu liberar uma forte influência de magia negra que trazia em seu padrão psicogenético há milhares de anos. Essa influência só foi reativada quando retornou ao Egito nesta vida.

Uma mulher veio me consultar antes de ir à Índia para trabalhar com Madre Teresa de Calcutá. Sentia, intuitivamente, que tinha ligações passadas negativas com esse país e queria confirmar sua sensação. Sua intuição estava correta e, durante a terapia, ela liberou muitas influências negativas de magia negra. Quando finalmente foi à Índia, sentiu-se em paz e interiormente segura. Trabalhou com Madre Teresa por um bom tempo, sem sofrer influências de vidas passadas na Índia.

Maldições do passado

Essas maldições também são ocorrências muito comuns que geralmente incidem sobre as áreas do amor, do dinheiro ou da saúde, podendo também provocar alguma outra forma de limitação pessoal. Durante a terapia, é possível descobrir se a pessoa foi vítima de alguma maldição, se amaldiçoou alguém ou se amaldiçoou a si mesma. Pode ter sido afetado por uma dessas ações ou por todas as três. É fácil esquecer que, ao falar de carma, não estamos nos referindo à atividade de uma única vida. Estamos nos referindo aos efeitos de milhares de vidas. Por isso, não se deve ficar paranóico diante da idéia de liberar uma grande quantidade de energia negativa, resultado de muitas vidas de experiências não-resolvidas.

Elementais negativos

Esses seres também não são incomuns. Os elementos negativos são os aspectos não-resolvidos dos elementos terra, água, fogo, ar e madeira. Quando esses elementos não são harmoniosos, refletem emoções não resolvidas e mal-estar dentro de nós. A essência da vida depende do equilíbrio harmônico entre esses elementos. A acupuntura chinesa e a medicina tibetana baseiam-se na restauração do equilíbrio e na harmonização dos elementos dentro do corpo.

O paciente toma misturas de ervas preparadas segundo suas necessidades individuais, criando assim um equilíbrio harmonioso nas funções do corpo, o que é uma parte importante do processo tibetano de cura. Há também, na medicina tibetana, remédios para possessões por espíritos ou elementais.

Os remédios minerais estão sendo cada vez mais usados no Ocidente. São pedaços liqüefeitos de cristais, pedras e minerais, usados para equilibrar o estado vibratório e as energias sutis do corpo, especialmente nos níveis espiritual, psicológico e emocional. Isso, por sua vez, equilibra o estado vibratório do corpo físico e, ao estimular o processo de cura, supera a doença. Assim como na medicina tibetana, pode-se usar uma combinação de minerais para combater possessões por espíritos e interferências psíquicas.

Seguem-se alguns exemplos de emoções que atraem diferentes tipos de elementais. Mas as probabilidades no interior de cada indivíduo são totalmente únicas e, portanto, numerosas demais para serem classificadas.

um elemental fogo pode ser atraído pela energia da raiva;

um elemental água, pela energia da mágoa, ou por outras formas de emoções não-resolvidas;

um elemental terra, pelo excesso de indulgência, pela ganância, pela luxúria ou pela preguiça;

um elemental ar, pela resistência à vida ou ao fato de se estar num corpo humano, pelo medo da mudança ou pela falta de clareza geral.

um elemental madeira, pelo estoicismo, pelas idéias fixas e pela insegurança.

Danos psíquicos

Esses danos são cicatrizes que trazemos internamente, na nossa estrutura psicogenética, de traumas de vidas passadas. Podem ser de muitos tipos, dependendo das vidas que levamos. É possível, naturalmente, que tenhamos recebido algum tipo de cura para esses danos em outras vidas. Pode ser esse o caso quando não há "pontos fracos" no corpo. Mas é comum a presença de várias dezenas de danos, como conseqüência de mortes ou acidentes que ocorreram em batalhas, lutas ou em alguma forma de tortura.

Durante a Psicorregressão, o terapeuta trabalha em conjunto com os anjos para curar completamente essas feridas passadas. A cura de danos psíquicos é uma parte especializada e sagrada do processo de cura e será discutida em detalhe no Capítulo 5.

Anjos negros e anjos da morte

Há referências bíblicas sobre anjos negros. O mais famoso deles é Lúcifer, originalmente um anjo de luz sentado à direita de Deus, que caiu em desgraça em conseqüência do pecado do orgulho.

A função do Anjo da Morte é parte essencial do nosso processo evolutivo atual. A maioria de nós não gosta da idéia de viver até ficar velho demais, apesar de não desejarmos atrair prematuramente a atenção desse anjo. Seu interesse desperta facilmente quando emanamos sentimentos de autodestruição, falta de auto-estima, falta de vontade de viver, ódio ou culpa em relação a nós mesmos, para citar apenas algumas possibilidades.

Uma moça que tinha uma doença debilitante atraiu um Anjo da Morte por causa de sua falta de vontade de viver. Durante o processo de

Psicorregressão, ela liberou muitas emoções negativas que a haviam tornado vulnerável a essa influência, liberando também o apego negativo ao Anjo da Morte. Depois dessa experiência, ela adquiriu um entusiasmo renovado pela vida, ganhando até um pouco de peso, o que lhe deu muito melhor aparência.

A liberação de votos e acordos indesejáveis do passado

No decorrer de muitas vidas, fizemos, certamente, inúmeros votos, promessas, acordos solenes, juramentos e declarações. É até provável que na nossa vida atual tenhamos feito alguns votos e promessas que, por um motivo ou por outro, não conseguimos cumprir. Mas esses votos e promessas foram feitos e não desaparecem só porque mudamos de idéia em relação ao acordo.

Quando, publicamente e de livre e espontânea vontade, fazemos o voto de permanecer com o nosso cônjuge pelo resto da vida, estabelecemos com ele um vínculo psíquico profundo. Quando o casamento entre duas pessoas não funciona e elas querem se casar novamente, não bastam os procedimentos legais do divórcio: elas ainda permanecem ligadas ao primeiro parceiro, pois não se liberaram publicamente dos votos anteriores que fizeram.

Esse pode ser um dos motivos pelos quais a Igreja Católica Romana não reconhece o divórcio, apesar de não explicar as razões interiores que estão por detrás dessa regra. Quando o problema entre o casal é insolúvel e o rompimento ou o divórcio são as únicas soluções, há uma maneira harmoniosa de se lidar com o dilema: o casal passa por uma cerimônia pública de divórcio, liberando-se mutuamente dos votos que fizeram, diante de um Deus amoroso e cheio de compaixão. Quando o elo estiver rompido, cada um pode seguir separadamente o seu caminho. Ambos saberão que agiram com sabedoria, rompendo legitimamente o seu voto e liberando-se mutuamente para um novo casamento. Com isso, liberam-se, também, da necessidade de carregar consigo a profunda mágoa interior que vem dos acordos rompidos e malresolvidos e que pode afetar negativamente um novo começo. Os votos não-resolvidos do casamento provocam culpa e mágoa, uma conseqüência do não reconhecimento genuíno da grande mudança interior que ocorreu.

Várias igrejas nos EUA estão percebendo a importância disso e já realizam cerimônias de divórcio. Quando se começa a compreender os problemas interiores que os votos não-resolvidos podem provocar, é vital que isso não seja tratado apenas como uma teoria sem comprovação, que acaba sendo deixada nos arquivos da ortodoxia, acumulando poeira por mais algumas centenas de anos.

Os acordos legais são mutáveis, pois podem ser facilmente modificados através do consentimento das partes em relação ao acordo anterior. Votos e pactos, por sua própria natureza, invadem camadas muito mais profundas da nossa consciência. Os votos não cumpridos da nossa existência atual devem ser rompidos com a outra parte envolvida, se isso for humanamente possível. Mas os acordos, votos e pactos de outras encarnações precisam, naturalmente, ser rompidos de outra maneira.

Muita gente fez votos de pobreza, castidade e obediência em vidas anteriores. Há o exemplo do jovem que não conseguia economizar o seu dinheiro. Tudo o que ele tinha parecia escorrer como água de suas mãos. Ele descobriu que, numa vida passada, tinha feito um voto de pobreza, que estava gravado em suas mãos, assim como em seu coração. Quando foi liberado desse voto, o rapaz viu que podia gastar seu dinheiro com mais sabedoria.

Uma mulher queria se apaixonar e ter um relacionamento sexual e emocional realmente harmonioso. Mas, por mais que tentasse, seus relacionamentos sempre davam errado. Durante a regressão, descobriu que tinha feito votos de castidade em várias outras encarnações. Esses votos precisavam ser liberados para ela poder encontrar um homem, se apaixonar e finalmente se casar.

Uma outra mulher tinha um casamento infeliz com um homem que sempre batia nela. Mesmo assim, continuava, obedientemente, sendo uma "boa esposa", por pior que o marido a tratasse. Quando finalmente começou a fazer regressão, descobriu que tinha feito votos de "obediência" em outras vidas, incluindo um voto de obediência a seu atual marido. Tinha também muitos condicionamentos de infância desta vida a serem enfrentados. Depois de liberar tudo isso, ela mudou totalmente sua atitude em relação ao marido. Ele ficou tão impressionado que parou de bater nela e tornou-se muito mais cuidadoso no seu modo de agir.

Sejam quais foram os votos passados, eles podem afetar a nossa vida cotidiana, sutilmente ou não. Os votos mais comuns são os relacionados *à pobreza*, *à castidade* ou *à obediência*. Existem também os votos feitos no sentido de não revelar alguma informação secreta de outra existência.

Quando alguém não está disposto a revelar informações confidenciais na terapia, não deve ser pressionado a fazê-lo. A informação não revelada sempre pode ser transmitida ao Anjo da Guarda, que, telepaticamente, a retransmite a quem ela originalmente se destinava. Quando isso é realizado com sucesso, através da vontade interior do paciente, orientado pelo terapeuta e com a ajuda dos anjos, é natural que surja um grande sentimento de alívio, resultante da liberação de um peso indefinível.

Na terapia de regressão não é raro encontrar-se pessoas que fizeram acordos indesejáveis com o diabo, a personificação de todos os males. Às vezes, o paciente fica chocado com essas revelações, compreendendo, ao mesmo tempo, que coisas assim têm relação com existências passadas, nas quais sua consciência era inteiramente outra. Esse tipo de acordo diabólico geralmente tem relação com desejos pessoais do passado: desejo de poder, de controlar outras pessoas, de acumular fortuna pessoal ou de tirar deliberadamente a energia vital dos outros através de alguma aberração sexual ligada à magia negra.

Quando alguém fez um pacto com o diabo, geralmente tem uma personalidade poderosa na vida presente e energias magnéticas incomuns para atrair os desavisados. Talvez só venha a perceber isso com o início da purificação de carmas passados, que leva à descoberta do Deus interior e à verdadeira ligação com ele.

A grande novidade é que não somos fantoches controlados por alguma força maior, externa a nós mesmos. Temos, dentro de nós, a chave para liberar o carma e para sermos aquilo que realmente devemos ser: Deus encarnado no interior do corpo físico. Isso não precisa ser realizado em outra encarnação ou em alguma outra dimensão: pode ser realizado enquanto estamos no nosso corpo físico, no tempo presente. Precisamos somente dar a nós mesmos permissão para embarcarmos nessa jornada espiritual, com a força de vontade para continuar e o amor para nos guiar no nosso caminho.

É preciso, naturalmente, compreender alguma coisa sobre carma antes de tentar liberá-lo. Já dei uma idéia das energias que congestionam o corpo e os campos áuricos. O carma ligado aos danos psíquicos é outro aspecto que precisa de atenção especial para compreendermos, de forma abrangente e detalhada, o que é o carma.

4
Preparação para a terapia de Psicorregressão

Ao trabalhar em profundidade durante o sagrado processo de cura da Psicorregressão, há sempre três energias principais que ajudam o paciente a entrar em contato com os níveis mais profundos da psique, de maneira segura, eficaz e dinâmica. Chamo a essas energias de "trindade": Deus, o Paciente, o Terapeuta. Quando não se perde de vista essa trindade, pode-se conseguir muita coisa.

Ocorre uma interação de energia muito antes de o paciente iniciar o tratamento (o termo paciente é aplicado, genericamente, para se referir a você ou a qualquer pessoa que esteja fazendo terapia). As energias divinas são postas em movimento no momento em que alguém decide, sinceramente, modificar sua vida. Vários problemas não-resolvidos podem estar provocando confusão emocional, dor e ansiedade. Assim, a pessoa interessada só deve optar por um plano de ação depois de se inteirar dos diferentes métodos de ajuda de que pode lançar mão na sua busca pela mudança.

Como há vários tipos de terapia, o paciente pode se sentir realmente confuso e inseguro, sem saber onde procurar ajuda. Mas quando alguém está realmente necessitado, Deus parece estar sempre por perto. Talvez o paciente vá a algum encontro ou palestra que o inspire a obter mais informações. Então, as coisas começam a acontecer do jeito certo e no momento certo, embora nem sempre da maneira que o paciente imaginava ou esperava. Seja como for, isso sempre acontece quando a necessidade interior se faz conhecer no mundo espiritual. Essa necessidade é então resolvida no nível físico, quando o paciente se depara "acidentalmente" com o contato certo para ajudá-lo na sua busca.

Sei que muitas pessoas são mais intuitivas e sensitivas do que imaginam. Quando não se sentem confiantes em relação a um terapeuta, não conseguem explicar logicamente o que sentem através da intuição, julgando que o terapeuta não está sintonizado com suas necessidades interiores específicas. Às vezes o paciente tem essa sensação antes do primeiro encontro físico. Talvez sinta que um problema não-resolvido do terapeuta faça eco, de alguma maneira, a um problema seu. Por isso, ele se afasta e vai procurar outro terapeuta, evitando, ao mesmo tempo, encarar o seu próprio problema.

É claro que o terapeuta não pode ser perfeito, mas deve ter conquistado, através de seu próprio processo de transformação, clareza interior suficiente para funcionar como um espelho no qual os problemas do paciente possam se refletir. Para o bem do crescimento e do aprendizado interior do terapeuta, ele precisa ser capaz de se relacionar com o paciente num nível paralelo de consciência e ser capaz de expressar espontaneamente uma empatia calorosa. Ao mesmo tempo, deve ter consciência do que está acontecendo nos bastidores da psique do paciente.

O paciente também precisa testar seus próprios critérios interiores, a respeito de si mesmo e do terapeuta. Precisa ter uma relação forte com seus próprios sentimentos e necessidades, além de estar seguro do método de transformação ou mudança que escolheu. Não é tarefa fácil procurar o terapeuta certo, alguém em que o paciente confie e que possa ajudá-lo na viagem de descoberta nas águas desconhecidas do eu. Quando Deus o orienta sutilmente na direção certa, você certamente chegará — através dessa orientação interior, do poder de discernimento e de uma boa dose de confiança — ao portal correto para iniciar o seu processo de crescimento interior e de transformação.

O terapeuta e a prática da Psicorregressão

Paracelso, filósofo e médico do século XV, sabia que havia uma boa razão para um determinado paciente sentir vontade de procurá-lo para um tratamento. Ele buscava dentro de si mesmo a resposta, corrigindo os desequilíbrios que percebia no paciente, compreendendo que, se trabalhasse inicialmente em si mesmo, haveria uma ligação e uma interação muito maior entre ele e o paciente. Ele sabia que o processo de cura teria bons resultados, pois tinha corrigido os desequilíbrios interiores através de sua consciência intuitiva antes de tratar alguém que não ele mesmo. Ele percebia que, intrinsecamente, somos todos um no esquema divino das coisas e que, se é certo que o igual atrai o igual, então ele tinha que corrigir primeiro o desequilíbrio dentro de si mesmo.

Essa abordagem pode ajudar o terapeuta moderno a ter uma ligação espiritual muito maior com o paciente. A menos que a ligação espiritual seja internalizada, a terapia será comparativamente superficial.

O paciente

Segundo o dicionário, "paciente" é alguém que está sob tratamento. Pessoalmente, não gosto muito de me referir assim a outro ser humano empenhado em descobrir a fonte de seus problemas. Quando esse termo é usado, quase sempre erroneamente, o paciente pode presumir que o terapeuta está, de certa forma, distanciado da condição humana. Se o terapeuta projetar esse tipo de atitude sobre o paciente, estará cometendo um grande erro, pois o paciente não conseguirá se relacionar bem com ele, de maneira realista e humana.

Geralmente, durante o processo terapêutico, há momentos em que o paciente odeia ou ama o terapeuta. *Transferência* é a palavra que comumente se usa nesse tipo de situação. O terapeuta deve manter uma atitude de simpatia, mas ser totalmente indiferente a essas mudanças de humor, que são projeções do inconsciente do paciente. Quando há algum tipo de entidade ou espírito no paciente que precise ser liberado, então, antes da terapia, as mudanças de humor podem ser muito mais fortes, principalmente se a entidade ou espírito não quiser abandonar aquilo que considera como seu território pessoal.

Durante os anos em que venho praticando esse trabalho, mais de um paciente "se perdeu a caminho da terapia", "sentiu-se mal logo antes de sair para a terapia" ou decidiu que não queria realmente mudar: talvez fosse o medo de mudar o padrão da sua vida. Nessas mudanças de humor há geralmente um espírito possessor que tenta salvar a própria vida provocando bastante confusão antes do tratamento. Ele tenta, com isso, impedir que o paciente receba ajuda, prolongando assim a sua própria existência. Isso continua a acontecer até que o paciente perceba que seus jogos interiores são totalmente irracionais e que é necessário transmutar o espírito através da terapia de Psicorregressão.

A superação de problemas preliminares

Quando o paciente tem "medo do desconhecido", "medo de forças invisíveis", "medo da vulnerabilidade", ou tem grande dificuldade para visualizar, então é bom que seja tratado inicialmente com remédios naturais, como os homeopáticos (ver *Homoeopathic Materia Medica,* de Boericke), os florais de Bach, os remédios minerais Gurudas, ou com uma combinação de medicamentos florais e minerais, que equilibram as vibrações e as energias sutis do corpo, os níveis emocional, psicológico e espiritual, levando finalmente ao equilíbrio do corpo físico.

Esses remédios ajudam a diminuir as barreiras entre a mente consciente e subconsciente. Descobri que esses remédios são sutis mas poderosos, muito eficazes ao romper essas barreiras, preparando o paciente para o tratamento anterior à terapia de Psicorregressão.

Por exemplo: a dificuldade para visualizar indica claramente algum trauma não-resolvido, ligado a um choque que talvez ainda afete a psique num nível mais profundo. Isso impede que você entre em contato com o mundo dos sonhos e do imaginário visual, o que é parte do nosso direito inato.

> *Uma mulher não conseguia se visualizar descendo ao fundo de um poço, lago ou mar, que representam a entrada para o subconsciente. Quando se deu conta disso, ela tomou voluntariamente uma combinação especial de remédios minerais Gurudas e, um mês depois, conseguiu visualizar facilmente e iniciar o tratamento. Seus medos principais eram "medo de perder o controle", "medo de ser dominada" e "medo da vulnerabilidade".*

> *Há muitos anos, antes de descobrir a força desses remédios, tive um paciente que simplesmente não conseguia visualizar. Fizemos exercícios de respiração profunda por umas seis sessões. Depois disso ele entrou em regressão profunda, voltando ao início do século XIX, quando foi feito em pedaços por uma bomba. O choque da explosão teve conseqüências em sua vida atual, impedindo-o de lembrar de seus sonhos e de visualizar. Depois dessa descoberta, não teve mais dificuldades para fazer regressão.*

A confiança no terapeuta

Se, por algum motivo, o paciente sentir que está sendo julgado no nível social ou moral, é mais que provável que nunca mais volte àquele determinado terapeuta ou que abandone totalmente a idéia de terapia. Sabe-se de terapeutas que ficam visivelmente abalados quando alguma coisa estranha ao seu quadro habitual de referências surge durante a terapia. Durante esse período, estando em seu estado mais vulnerável, o paciente percebe a reação emocional involuntária do terapeuta. E pode considerar essa reação como um julgamento.

Uma vez, uma mulher veio me procurar tão nervosa e agitada que nem conseguia falar de maneira coerente. Levou muito tempo para conseguir explicar por que tinha vindo. Muito agitada, acabou contando que tinha roubado objetos de pequeno valor. Ao dizer isso, suava de medo, esperando ansiosamente a minha reação. Reagi espontaneamente, sentindo que ela deveria estar muito solitária e mal-amada. Diante dessa reação, ela irrompeu em lágrimas, dizendo que isso era totalmente verdade. Estava se sentindo rejeitada física e emocionalmente pelo marido. Quando percebeu que eu não a estava julgando, conseguiu iniciar o processo de desvendar seus problemas. Foi necessário criar confiança antes de começar a terapia.

Houve um homem que veio pedir conselho. Sentou-se com muito medo na beiradinha da cadeira, procurando as palavras certas para me contar o que estava sentindo. Rodeou o problema por muito tempo, até que eu lhe disse diretamente para não desperdiçar o tempo dele e o meu deixando de discutir o que realmente queria. Então, suando frio, ele me contou que tinha estado com uma prostituta porque sua mulher estava doente e pouco interessada em sexo. Olhava fixamente para mim enquanto dizia isso, esperando uma condenação pelo seu comportamento. Senti instantaneamente que, apesar de ter proporcionado alívio físico, a experiência não tinha sido emocionalmente satisfatória. Ao ver minha reação, ele relaxou visivelmente e conseguiu falar de seus sentimentos reais.

Preparação para a terapia: o paciente e o terapeuta

Durante o contato inicial, você, como paciente, precisa fornecer o máximo possível de informações construtivas ao terapeuta, que está entrando em contato com outro ser humano, totalmente único. Você e o terapeuta devem colaborar um com o outro para levantar o histórico de suas condições físicas, mentais, emocionais, sexuais, e de tudo o mais que esteja relacionado com a psique. O relacionamento com seus pais e a atitude deles em relação a você durante o período de gestação é da máxima importância. É também importante chegar às suas primeiras descobertas sexuais, assim como às idéias religiosas de seus pais sobre a sexualidade, às suas fobias e medos crônicos. Devem ser reveladas também informações a respeito da qualidade de seus relacionamentos emocionais através da vida, se seguiram ou não um padrão recorrente.

O terapeuta precisa assimilar muita coisa antes de decidir quais as bombas que devem ser desarmadas primeiro no campo minado da psique humana. Geralmente, isso ocorre naturalmente durante a terapia, através de sua orientação interior. Seja como for, o terapeuta precisa ter essas informações à mão para usá-las quando for necessário. Pode haver, por exemplo, uma grande dificuldade emocional envolvendo os pais ou os avós. Esse tipo de informação pode ser usado construtivamente pelo terapeuta no momento certo, se ele tiver um conhecimento completo dos obstáculos que precisam ser superados durante a terapia.

Durante esse período de discussão de sua história, o paciente vai ficando cada vez mais relaxado, à medida que se revela o padrão da sua vida. Terapeuta e paciente estabelecem um sentimento de confiança, permitindo que o paciente exponha seus sentimentos mais profundos. Essa confiança total pode não ser estabelecida na primeira sessão e pode, até mesmo, levar muito tempo. Mas deve haver uma profunda interação a respeito dos sentimentos do paciente que leve a essa confiança, para que a terapia transcorra harmoniosamente. Apesar de a primeira sessão consistir principalmente em conversa, ela é muito intensiva, pois a vida inteira do paciente é revelada para que venham à luz as áreas problemáticas que precisam ser trabalhadas. A primeira sessão põe em movimento o processo de cura.

Alguns pacientes querem compreender a fonte de determinados medos e fobias e, nesse caso, fazem umas seis sessões. Se, por outro lado, o paciente quer genuinamente liberar o máximo possível de seu carma nesta vida, vai fazer, provavelmente, umas 24 sessões (mais ou menos uma vez por mês). Depois, pode parar por um ano e recomeçar a terapia quando a oportunidade se apresentar ou quando vier à superfície algum problema que o faça sentir interiormente que deve voltar às sessões. Pessoas que moram em outras cidades ou países, costumam fazer três ou quatro sessões no decorrer de uns quatro dias e depois parar a terapia até poderem voltar. Há um grupo de mulheres da Finlândia que vem à Inglaterra pelo menos uma vez por ano para fazer quatro ou cinco sessões. Durante os longos períodos em que interrompem a terapia, tomam remédios minerais Gurudas para trabalhar as energias negativas.

Uma sessão geralmente dura de duas a duas horas e meia, incluindo a discussão dos problemas, a terapia propriamente dita e uma breve discussão sobre o que aconteceu. Às vezes, depois da sessão, o paciente se sente maravilhoso, muito mais leve e com o rosto uns dez anos mais jovem. Ou talvez se sinta um pouco tonto ou emocionalmente distante. Nesse caso, é bom que o terapeuta lhe dê um remédio natural — um *Rescue*, de Bach, ou um primeiros socorros Gurudas — para liberar sentimentos e algum choque emocional. Nos dias que se seguem, o paciente pode se sentir muito para cima ou muito para baixo — geralmente num extremo ou no outro — dependendo do "pêndulo" emocional. Ele costuma oscilar muito, até que as emoções encontrem seu equilíbrio natural. Às vezes uma sessão revela uma emoção negativa que estava latente e, na sessão seguinte, o paciente chega para a terapia sentindo raiva, ódio ou tristeza. Seja qual for a emoção revelada na sessão anterior, ela sempre pode ser trabalhada na sessão seguinte.

O compromisso é importante para o paciente quando ele deseja lidar com sucesso com seus problemas. Senão, estará desperdiçando seu tempo e o do terapeuta.

Notas para os terapeutas

Outra área muito importante a ser considerada antes do tratamento é a da formação religiosa e das crenças do paciente. Se ele for ateu, mas tiver a mente aberta o suficiente para acreditar na possibilidade da reencarnação, então é possível fazer uma regressão para descobrir por que ele não tem sentimentos pela lei divina que governa toda a vida (a fonte do amor infinito), conhecida por muitos como Deus. Não é incomum alguém ter emoções negativas em relação a Deus. Mas quem tem essas emoções as mantém secretas, com medo do que os outros possam pensar, inclusive o terapeuta. O paciente pode achar difícil admitir que é um ateu ou que tem sentimentos negativos em relação a Deus.

Por exemplo: havia uma mulher que, em outra vida, tinha sido torturada por suas crenças espirituais. Quando estava para morrer, sentiu que Deus a havia abandonado porque ela não tinha sido salva da roda de tortura. Trouxe essas emoções para esta vida e sentia raiva de Deus, além do sentimento de abandono. Quando isso foi trabalhado na Psicorregressão, suas atitudes começaram a mudar, à medida que ela começou a ver a vida de uma perspectiva mais ampla, permitindo que uma parte mais profunda dela mesma viesse à superfície. Ela começou a sentir amor pelo Deus que imaginava que a tinha abandonado. Passou a compreender que aquela determinada vida como "vítima" tinha sido uma forma de culpa auto-imposta, resultado de ações pouco harmoniosas, dirigidas contra outras pessoas em outras encarnações. Foi difícil para ela compreender que não havia um Deus zangado julgando suas más ações passadas e punindo-a como se fosse uma criança malcriada. Ela era, na verdade, o seu próprio juiz, júri e carrasco.

As pessoas que seguem doutrinas religiosas específicas devem ser tratadas dentro de seu próprio quadro de referências para que se sintam mais à vontade e mais seguras no processo terapêutico. Como há anjos em todas as religiões, a maioria das pessoas aceita com facilidade a idéia de trabalhar com presenças angélicas durante a terapia. Geralmente elas se sentem confortadas pela idéia de trabalhar com seu próprio Anjo da Guarda, com seus ajudantes e guias espirituais.

Se por acaso o paciente for um budista, então Buda será evocado; se for cristão, Cristo é evocado; se for muçulmano, Alá; se for judeu, Elohim ou Jeová. Quando um africano ou indiano oriental é cristão mas tem raízes em sua própria cultura, evoco também as energias ancestrais do paciente para ajudá-lo na busca pela totalidade.

Uma muçulmana veio para uma sessão e começou a se sentir incomodada pela estátua do poeta e filósofo Dante Alighieri que havia na sala de terapia. Ela a via como a imagem de um ídolo e pediu que fosse retirada. Por respeito à sua formação religiosa, isso foi feito imediatamente. Durante a terapia de Psicorregressão, Alá foi evocado pelo terapeuta. Depois disso, ela conseguiu liberar vários espíritos. Na fé islâmica, eles são chamados "djiin". Assim, ela não se referia a eles como "espíritos", mas "djiins". Dentro desse contexto ela se sentiu segura e a terapia pôde continuar normalmente, sem mais dificuldades.

É essencial que seja evocada a energia espiritual correta para ajudar o paciente, e que o terapeuta não caia na armadilha de impor suas próprias crenças religiosas. Quando o terapeuta trabalha com as energias espirituais do paciente, então ambos podem chegar a resultados dinâmicos.

Não é suficiente que o paciente regrida a um trauma vivido no útero materno ou a um problema ligado a outra encarnação. Todas as emoções negativas precisam ser liberadas, assim como as influências negativas associadas ao trauma, para se chegar a um resultado verdadeiramente eficaz. É como espremer uma espinha. Você pode espremê-la, mas tem que tirar todo o pus e limpar completamente o lugar para que haja uma cura. Da mesma forma, em muitos casos de terapia de regressão simples, o veneno não é verdadeiramente eliminado.

A preparação para a Psicorregressão é de importância máxima. Não é só uma questão de fazer o paciente chegar ao subconsciente o mais rapidamente possível. O terapeuta ajuda o paciente, enquanto este está deitado no divã, a relaxar cada parte do corpo através da visualização dirigida. Assim, ele fica receptivo o bastante para se unir aos anjos, sentindo-se energizado e interiormente capaz de compreender qualquer experiência interior que se apresentar. É por isso que o aspecto espiritual da terapia é tão importante. Algumas das experiências que surgirem serão muito pesadas, outras serão surpreendentemente iluminadoras, dando ao paciente uma compreensão muito melhor de si mesmo e das energias que, subconscientemente, inibem a sua vida.

Conduzindo você (o paciente) na viagem ao subconsciente

Com o corpo inteiro bem relaxado, você se visualiza num ambiente natural. Pode ser um jardim, uma praia, uma montanha, um deserto ou um bosque. Sentindo-se relaxado e seguro você se visualiza, com a ajuda do terapeuta, no lugar desejado, gozando paz e tranqüilidade e se fortalecendo com a energia das forças naturais. Desce então pelo jardim, pela praia ou pelo bosque, sempre andando para baixo, pois estará andando para os níveis mais profundos da consciência, até chegar ao poço, lago ou mar que escolheu.

Nesse ponto, você será levado a tomar consciência de que o seu Anjo da Guarda está lá para acompanhá-lo na sua viagem, permitindo que você se sinta muito mais seguro, especialmente se estiver um pouco nervoso diante do desconhecido. Se você não consegue acreditar em anjos, então fique intuitivamente consciente de que um espírito-guia o está acompanhando (geralmente as pessoas que passam por um trabalho tão profundo querem entrar em contato com o Anjo da Guarda e ficam muito felizes quando conseguem). Então, caminhe para o mar, por exemplo, com o Anjo da Guarda, sentindo-se relaxado e seguro. Vá entrando no mar até que as águas que curam cubram o seu peito. Durante toda essa viagem, será guiado pela visualização dirigida. Você pode andar, flutuar ou nadar até o fundo do mar, ainda com o seu Anjo da Guarda. Se por acaso tiver medo de água, talvez prefira descer num poço vazio, ou flutuar até o fundo de um desfiladeiro.

Uma mulher entrou no mar e ficou com muito medo de afundar. Mas logo que lhe foi dito que seu Anjo da Guarda podia ajudá-la segurando-lhe a mão, ela se sentiu muito mais confiante. Ao descer mais para o fundo, entrou em pânico outra vez. Foi sugerido então que o anjo a envolvesse com suas asas. Ela começou a se sentir bem, sabendo que podia descer com segurança, sem nenhum sentimento de medo.

Durante os primeiros estágios da terapia, a ajuda dos anjos é de valor inestimável. Ela nunca deveria ser esquecida, menosprezada ou ignorada.

Ao atingir o fundo do poço, lago ou mar, você entra em contato com o "guardião dos mundos interiores". Essa energia se manifesta em forma de anjo, fada, globo de luz ou sereia, para citar apenas algumas possibilidades. Esse contato é tão importante quanto a ligação estabelecida com o Anjo da Guarda, pois ele é outra fonte natural de energia, que lhe permite ficar interiormente preparado para a viagem. Essa preparação inicial é uma parte muito importante do processo terapêutico. É essencial que você se sinta relaxado e energizado pelas forças da natureza e pelos sons sagrados que são produzidos nas profundezas do ser do terapeuta. São como os sons das energias do vento e das forças da natureza, como o som do universo ou da essência divina.

Durante essa terapia você não fica em estado de transe ou em estado hipnótico, podendo, a qualquer momento, ficar atento e consciente. A visualização dirigida num nível muito profundo é a melhor maneira de descrever seu estado interior de ser: você sabe, no nível consciente, que está deitado num divã mas sente, ao mesmo tempo, que o seu eu irracional está livre como um pássaro para viajar a dimensões mais profundas do ser, fora das limitações do espaço e do tempo.

Só depois de ter sido energizado, através dos sons sagrados e pelo "guardião dos mundos interiores" você estará realmente pronto para iniciar a viagem interior até a fonte principal do seu problema.

Essa preparação inicial de relaxamento, visualização e energização através do espírito da natureza é igual para todos os tipos de terapia de Psicorregressão.

Há oito maneiras fascinantes de abordar o cerne do problema. O método empregado depende muito das necessidades do paciente. Não é possível avaliar intelectualmente causas fundamentais profundas ou conjurar — mesmo com a mais vívida imaginação — o que deve vir à tona das águas lodosas do seu complexo passado cármico. Todas as possibilidades e ramificações podem ser cuidadosamente consideradas. Mas, no final das contas, seu eu interior fará a seleção final.

Os perigos da experimentação

Não é aconselhável tentar penetrar as profundezas do subconsciente sem a ajuda de um terapeuta. O mesmo se aplica à regressão no tempo, pois você nunca sabe o que vai acontecer: pode surgir, por exemplo, uma situação da qual seja difícil sair sozinho, mesmo no caso de alguém que tenha muita experiência em meditação.

> *Uma vez, quando estava em estado de meditação, regredi a outra vida e me vi como um piloto no momento em que meu avião caía: uma experiência muito vívida e real. Mas havia aspectos dessa regressão que não consegui completar sem ajuda: por exemplo, descobrir o que precisava aprender com aquela experiência e por que era uma "vítima" naquela situação. Eu precisava também trabalhar com os anjos para curar danos psíquicos ligados ao acontecimento (isso só pode ser feito com um terapeuta). Precisei ser levada a regredir outra vez para concluir o trabalho. Precisei também liberar as emoções negativas ligadas à experiência. Isso ilustra uma das maiores diferenças entre a regressão simples e a terapia de Psicorregressão.*

Especular sobre o resultado da terapia de Psicorregressão é perda de tempo e energia. É possível que a verdadeira causa do problema esteja fora do campo de visão do paciente e que só seja descoberta através da terapia de Psicorregressão. O exemplo seguinte ilustra bem que não é possível especular sobre o que pode ocorrer durante o processo da Psicorregressão.

Um homem que, nesta vida, não era capaz de manter um relacionamento com uma mulher, descobriu através da Psicorregressão que, numa encarnação recente, tinha estado muito apaixonado por uma moça, com quem ia se casar. Mas, poucas semanas antes do casamento, ela morreu num acidente. O choque e a dor que ele sentiu foram tremendos. Depois dessa morte, ele se tornou muito consciente do espírito dela, com quem passou a se comunicar telepaticamente. Dessa forma, eles continuaram muito próximos, apesar de não haver contato físico. Ele nunca se casou naquela vida, permanecendo fiel à memória dela.

Isso gerou problemas maiores do que ele podia imaginar, pois o espírito da mesma moça continuou apegado à energia no interior de sua marca psicogenética, manifestando-se na aura dele através de várias encarnações. Era por isso que os relacionamentos desta vida não floresciam: ele estava internamente absorvido por um amor que nunca chegou a desabrochar totalmente. Quando compreendeu a situação, ele conseguiu liberar a mágoa assim como o apego emocional ao espírito dessa mulher. Depois disso, conseguiu gozar um significativo relacionamento amoroso com uma mulher do século XX.

Abordagens alternativas da terapia de Psicorregressão

As oito abordagens que se seguem cobrem um vasto campo de necessidades, funcionando em conjunto e interagindo umas com as outras. O terapeuta precisa ter a habilidade para perceber que método é exigido em cada sessão. Esse conhecimento é adquirido com treino, experiência e sabedoria no que diz respeito a este processo de cura.

1. Voltar nos anos até a fonte do problema

Esta é uma abordagem eficaz, de final aberto, em que o paciente pode voltar nos anos até a infância desta vida, viver a situação e liberar as condições psíquicas e as emoções negativas.

2. Voltar ao útero

Muitas experiências traumáticas da vida intra-uterina podem afetar o desenvolvimento mental, emocional e psíquico: talvez os pais quisessem uma criança do outro sexo, talvez tenha ocorrido uma queda ou uma tentativa de aborto. É possível que o paciente precise reviver a experiência traumática que ocorreu na vida intra-uterina ou durante o parto.

Quando o paciente volta nos anos ou para dentro do útero, ele pode indicar com facilidade o ano ou o mês ligado à fonte do trauma, erguendo um dedo da mão esquerda (ver página 32). Às vezes, quando a experiência do parto foi excepcionalmente pesada, o paciente não consegue erguer o dedo da mão esquerda enquanto está viajando no tempo. Isso sugere ao terapeuta que há uma causa principal totalmente diferente bloqueando a reação inicial do paciente. Se ocorrer esse problema, então a próxima abordagem pode ser mais útil.

3. Pré-concepção

Quando há alguma dúvida em relação à causa principal, então a pessoa volta ao tempo em que era pura mente e puro espírito, antes de ser conscientemente concebida por seus pais. Quando o paciente chega a esse estado de clareza, ele sabe exatamente por que escolheu esta vida, por que escolheu seus pais. Esse é um estado particularmente benéfico de consciência, pois, nesse ponto, o terapeuta pode perguntar ao paciente se a fonte de seu problema está em outra encarnação ou na vida em que está prestes a encarnar. Ele sem dúvida saberá a resposta. O estágio de pré-concepção é como uma encruzilhada, e o paciente pode escolher com segurança que caminho tomar, conseguindo perceber se a fonte do problema está em experiências de uma outra vida.

4. Viagem a outras vidas

O paciente volta à fonte do trauma em outras vidas, sendo que pode haver várias vidas associadas ao mesmo problema. Quando surge a necessidade de isolar uma determinada emoção, como "dor" ou "raiva", várias vidas precisarão ser trabalhadas. Quando o terapeuta acredita que só vivemos no plano terreno, o paciente pode se ver às voltas com um problema, especialmente quando regride espontaneamente além dos limites do planeta Terra. O desenvolvimento do paciente pode ser muito inibido pela falta de compreensão e conhecimento que o terapeuta tem sobre "espaço interior" e outras dimensões.

5. Psicorregressão para outras dimensões

Há muitos casos de indivíduos que regridem para vidas em outros planetas e a experiências entre vidas. O corpo e as circunstâncias são muito diferentes do que é conhecido e compreendido no nível humano. Quando isso ocorre, o terapeuta não deve condicionar o paciente a pensar que tem braços ou pernas. Talvez o corpo do paciente seja uma massa flutuante e transparente, ou talvez ele tenha um corpo verde, amarelo ou vermelho, com rabo e pés-de-pato. Quando se está nesse estado alterado de consciência, essas experiências não são excepcionais e não provocam repulsa alguma.

Temos lições a aprender de experiências passadas em outras dimensões, assim como nesta vida terrena. Por exemplo: quando alguém tem problemas para aceitar o corpo físico ou para viver nele, isso pode ser o resultado de vidas vividas em outras dimensões, quando seu corpo tinha uma constituição diferente. Voltar a esse estado passado através da terapia de Psicorregressão pode ajudar o paciente a aceitar e compreender melhor seus sentimentos no presente.

As três abordagens à Psicorregressão que se seguem não acompanham esta seqüência determinada de possibilidades naturais.

6. Psicorregressão ao trauma sexual

É necessário compreender os problemas sexuais desta vida, incluindo traumas sexuais da infância e experiências intra-uterinas. É necessário também compreender a fonte de qualquer trauma sexual que tenha ocorrido em outras vidas e que possa ser a causa do problema atual.

Na regressão sexual, volta-se a várias vidas ligadas ao trauma sexual, o que permite a liberação de emoções e condições psíquicas relacionadas com experiências não-resolvidas.

No Capítulo 7 analisamos detalhadamente este aspecto da Psicorregressão.

7. Psicorregressão para dentro do corpo

Em vez de regredir no tempo, como nos exemplos anteriores, é possível viajar para dentro do corpo, para a área mais fraca, com o objetivo de compreender a principal causa do problema.

Quando alguém está fisicamente doente, há sempre mais do que uma causa principal. O processo precisa continuar até que todos os "pontos fracos" sejam gradualmente fortalecidos.

A regressão para dentro do corpo ocorre quanto o paciente está no fundo do poço, do lago ou do mar, depois da fase inicial de relaxamento e antes de começar a verdadeira regressão. O "guardião dos mundos interiores" abre o fundo do poço, do lago ou do mar, permitindo que o paciente embarque na viagem para dentro do corpo, viajando do topo da cabeça à área mais fraca.

Essa maneira de regredir é muito eficaz quando é necessário liberar um trauma passado, no interior dos órgãos, que esteja causando o desconforto físico, como dificuldade para respirar, problemas no coração ou na vesícula. No Capítulo 2 há um exemplo de regressão para a vesícula e outro para o útero, que ilustram este ponto com clareza.

8. Psicorregressão para subpersonalidades

Muitas pessoas estão particularmente interessadas em compreender como as personalidades ligadas a vidas anteriores afetam as circunstâncias atuais. Elas têm, muitas vezes, um desejo genuíno de compreender todos os aspectos positivos e negativos da personalidade que não estejam adequadamente integrados à psique. Chega-se a isso quando se compreende realmente o objetivo da existência de uma subpersonalidade, liberando as características negativas e integrando os atributos positivos. Essas personalidades não estão necessariamente ligadas a vidas neste planeta.

Esta abordagem à Psicorregressão tem um potencial surpreendente, pois o paciente consegue lembrar — e trazer de volta — o conhecimento associado a experiências que podem ter ocorrido há milhares de anos.

O processo de autocura

O que é maravilhoso neste sistema de terapia de Psicorregressão é que o paciente realmente se cura através da visualização dirigida de maneira sistemática e cuidadosa, com a ajuda dos anjos, de guias e de outras forças divinas.

Neste estágio inicial, apresentamos uma introdução ao mecanismo que há por trás de um procedimento que pode ser extremamente poderoso e eficaz, além de ser muito natural quando acontece. É claro que explicar a alguém como nadar é muito diferente de nadar realmente. Assim é com a Psicorregressão, cada vez que ela ocorre. Portanto, é possível apenas dar alguns exemplos (como fiz) das possibilidades dessa experiência única. Um carro não anda numa marcha só: há quatro ou cinco marchas para que ele ande suavemente. Na Psicorregressão há oito marchas possíveis que podem ser engatadas para se chegar ao resultado desejado.

5
A cura de danos psíquicos

É comum ouvirmos falar de pessoas que estão com o coração partido, que não têm coração, que não têm estômago, que não têm cabeça ou que são cegas em suas atitudes diante da vida! É claro que isso não significa que estão fisicamente com o coração partido. E, se não tivessem coração, estariam mortas. A verdade é que essas descrições refletem sucintamente uma verdade interior que quase nunca é percebida conscientemente.

Geralmente, não se tem consciência de que os danos psíquicos existem, apesar de seus efeitos serem sentidos nas áreas de fraqueza física do corpo ou de inibirem sutilmente a função dos cinco sentidos: audição, visão, olfato, paladar e tato. O conhecido autor dr. Arthur Guirdham fez várias referências a danos psíquicos em seus livros, especialmente em *The Psychic Dimensions of Mental Health*, mas não diz como curá-los. Ao que eu saiba, este capítulo apresenta pela primeira vez, por escrito, informações detalhadas sobre a cura de danos psíquicos.

Não temos consciência de que esses danos existem. Geralmente atribuímos tudo "apenas à imaginação". No Ocidente nunca dizemos "foi só meu intelecto", pois a imaginação é tratada como um processo inferior.

Uma fobia ou um medo interior ligados a uma determinada área do corpo podem indicar que houve um dano naquela área numa vida passada. Por exemplo: um exagerado *medo da cegueira* sugere que a pessoa passou por esse trauma em outra vida, guardando lembranças profundamente esquecidas dessa experiência, no subconsciente e nos olhos. A dificuldade para visualizar ou para não querer ver o que está acontecendo no interior de si mesmo pode ser um indício dessa experiência passada.

Vários medos irracionais indicam que há alguma coisa que precisa ser compreendida. O *medo de ficar louco* pode resultar de uma grande estafa nesta encarnação, ou pode estar encobrindo experiências de outras vidas, quando a loucura realmente ocorreu. Alguém que não consegue demonstrar sentimentos ou comunicar amor pode ter um problema psíquico de coração, que se manifesta num *coração duro ou partido*. Esse problema talvez tenha sido provocado pelo fato de o coração se prender a excessivos problemas emocionais não-resolvidos, como dor, ódio, inveja e ganância. A dificuldade para andar pode vir de um dano psíquico nos pés, como queimaduras. Talvez os pés tenham sido atrofiados numa encarnação chinesa, afetando sutilmente na vida presente a capacidade de se locomover.

Há inúmeras possibilidades a serem localizadas através da Psicorregressão. Pode-se descobrir quando e por que o trauma aconteceu e localizar os diferentes tipos de danos numa área específica, além de liberar as emoções que atraíram esses danos.

Cada situação conta uma história e é preciso localizar a fonte do trauma, revivê-la e compreender as causas psíquicas ou emocionais que atraíram o dano. A maioria de nós tem toda uma história cármica de danos psíquicos. Essa é uma parte importante do processo cármico, que precisa ser curado e reequilibrado. Em algumas vidas passadas sofremos diferentes tipos de danos. Quando os danos passados estão ligados a uma dor emocional extremamente traumática, eles parecem deixar sua marca no interior da psique.

Vários agentes de cura espiritual têm consciência desses danos e são capazes de trabalhá-los conscientemente, com a ajuda de seus guias e ajudantes espirituais. Alguns cirurgiões psíquicos das Filipinas, por exemplo, conseguem materializar objetos — como agulhas, lâminas, balas ou instrumentos de metal — relacionados com a origem do dano. Mas nem sempre compreendem conscientemente por que esse determinado tipo de materialização ocorre durante suas operações.

Exemplos de danos psíquicos e de como ocorrem

Todos os tipos de danos psíquicos que se possam imaginar ocorrem na marca psicogenética. Em encarnações anteriores passamos por diferentes tipos de experiências, fortemente relacionadas com circunstâncias traumáticas. Ficaríamos às beiras da hipocondria se imaginássemos que temos todos os tipos de danos mencionados neste Capítulo. Mas eles darão uma idéia clara da gama de danos com que me deparei nestes mais de vinte anos como terapeuta. Há muitas informações autênticas a respeito dos diferentes tipos de danos, assim como detalhes relativos às suas manifestações sintomáticas.

Seguem-se alguns danos psíquicos que foram trabalhados durante a terapia de Psicorregressão. Esta lista cobre quase todas as formas *negativas* de danos que podem ocorrer em vidas anteriores ou na vida presente. Mas nem todos trazem consigo danos psíquicos: há quem tenha sido curado em existências anteriores através de alguma outra forma de purificação espiritual. Algumas encarnações são felizes e positivas, sem ocorrências negativas de monta.

Aborto Pode se manifestar como fraqueza geral nos órgãos da reprodução.

Agulhas Podem ter sido colocadas no corpo por ocasião de uma tortura ou para aprisionar energias, quando usadas numa boneca vudu. Mas isso acontece quando há uma fraqueza correspondente na constituição do indivíduo, que o torna especialmente vulnerável. É por isso que o processo de purificação é essencial.

Cortes Podem afetar qualquer parte do corpo, provocando dores esporádicas ou sensação de fraqueza geral.

Danos do desgaste Ocorrem como parte dos caprichos e obstáculos da vida cotidiana. Esses danos geralmente estão relacionados com os problemas tão humanos do envelhecimento. Há também situações incomuns ligadas a um carma de grupo. Por exemplo: depois de uma guerra ou de uma grande catástrofe, as pessoas recebem dos anjos a cura para seus danos psíquicos no período entrevidas. Isso lhes dá tempo para recuperar a força e assimilar todas as experiências passadas antes de escolher a área principal de aprendizado na encarnação seguinte.

Danos extraterrestres/ Implantes Normalmente, não se tem consciência da existência desse tipo de dano. Mas ocorrem regularmente, sendo objeto de pesquisa nos EUA, na América do Sul e na Inglaterra. Esses danos podem provocar obscuros problemas nervosos, hiperatividade ou sensação de falta de energia.

Danos mágicos Incluem todas as formas de magia negra e feitiçaria negativa. Manifestam-se como buracos ou rasgos na aura, ou como objetos colocados deliberadamente para impedir o funcionamento harmonioso e a felicidade de outro ser humano. Mas os anjos estão sempre dispostos a corrigir essas situações, trabalhando em conjunto com o livre-arbítrio da pessoa afetada.

Danos provocados por animais Marcas de garras, mordidas, o corpo devorado por algum animal, fortes fobias em relação a determinado animal, inseto, pássaro ou réptil.

Danos sexuais São danos que afetam os órgãos sexuais e o sistema reprodutor, causando várias formas de disfunção física e emocional na esfera sexual. Os sintomas físicos se revelam em vários tipos de desequilíbrio sexual, como desejo sexual intenso ou muito fraco, e até mesmo horror ao sexo. Esses danos são provocados por choque, tortura ou magia negra. Essas são apenas algumas possibilidades, que serão discutidas em profundidade mais adiante.

Destruição do corpo Ocorre quando o corpo ficou aos pedaços em conseqüência por alguma explosão. Geralmente isso resulta em incapacidade de visualizar e de entrar em contato profundo com a origem dos nossos verdadeiros sentimentos.

Dificuldade para respirar Pode ocorrer em casos de sufocamento, afogamento, envenenamento por gases, estrangulamento, ou de alguém que foi enterrado vivo ou que teve um nascimento difícil, mesmo nesta encarnação. A pessoa afetada tem a respiração pouco profunda e parece nunca inspirar o suficiente. É geralmente superansiosa e tensa.

Embalsamamento Há quem tenha sido embalsamado em outras encarnações, como por exemplo no Egito antigo, quando os órgãos embalsamados eram separados do corpo físico. Isso pode provocar sensação de separação no interior do órgão atual, ou até mesmo no corpo inteiro. No Capítulo 6, esse tópico será tratado com detalhes.

Espinhos Podem afetar qualquer parte do corpo, provocando dores desagradáveis e sintomas psicossomáticos gerais. Um espinho psíquico que permanece na pele ou no corpo provoca sensações gerais de desconforto. Muitas vezes o equivalente psíquico do objeto físico permanece no corpo e só é liberado através da Psicorregressão ou graças a um cirurgião psíquico consciente, com conhecimento dos danos ligados a existências passadas.

Mas não adianta muito remover o espinho ou o objeto sem liberar as emoções correspondentes, ligadas ao trauma.

Estrangulamento Esse dano se manifesta como extrema sensibilidade no pescoço e garganta. Fisicamente, parece uma marca marrom ou negra em torno do pescoço. Emocionalmente, manifesta-se como medo de se expressar ou de revelar verbalmente os verdadeiros pensamentos a respeito de um determinada situação.

Estripação Ocorre nos intestinos. Há muitos casos de torturas em vidas passadas que incluem estripação. Isso geralmente causa fraqueza geral no sistema digestivo. Emocionalmente, provoca hipersensibilidade e inquietação.

Faca Pode se manifestar como fraqueza geral, debilidade na área afetada, dores e medos inexplicáveis.

Ferimentos de bala Afetam qualquer parte do corpo, provocando dores esporádicas sem razão aparente. Resultam geralmente em fraqueza grave na área física afetada.

Ferimentos de flecha Esses ferimentos podem ter ocorrido em qualquer parte do corpo, provocando dores psicossomáticas no corpo físico.

Ferimentos de machado Podem afetar qualquer parte do corpo, provocando sintomas psicossomáticos.

Ferimentos de mártir Superidentificação religiosa com as dores e estigmas de uma divindade ou de um santo. Pode se manifestar como hipersensibilidade histérica através da superidentificação com os "pecados do mundo". Por exemplo: há pessoas que se identificam com os sofrimentos de Cristo, apresentando coroas de espinhos no chakra do coração. Outras apresentam marcas de arranhões pelo corpo, por terem usado, numa vida passada, uma veste especial (como um cilício) para provocar mortificação e sofrimento.

Ferro em brasa Pode afetar qualquer parte do corpo, criando marcas nocivas de queimaduras, provocando sensação geral de desconforto e impressão de abuso e violência.

Fraturas Ocorrem nos ossos, provocando fraqueza geral. Geralmente a fratura ocorre numa parte do corpo em que há muitas emoções não-resolvidas.

Guilhotina Provoca, como sintoma, sensação de se estar separado do corpo. Provoca também sensação de vulnerabilidade em torno do pescoço, garganta e cabeça. Usar constantemente um lenço ou chapéu indica que a pessoa está se sentindo excessivamente vulnerável, sem compreender os motivos.

Língua (geralmente cortada) Pode ter ocorrido numa encarnação passada, quando a pessoa não estava preparada para revelar uma informação importante. Durante a terapia, os anjos conseguem recompor a língua depois de liberar as emoções negativas e descobrir por que o paciente se colocou nessa situação de vítima! Não se trata de um dano psíquico incomum, e o sintoma atual mais óbvio é o *medo de se comunicar e de falar a verdade.*

Marcas a fogo Relacionadas com acordos satânicos. Essas marcas precisam ser liberadas durante o processo terapêutico para libertar o indivíduo do período de escravidão. Quando alguém tem uma marca a fogo, geralmente é controlado sem se dar conta disso.

Mutilação Os sintomas são semelhantes aos dos *órgãos esmagados*, sendo, geralmente, crônicos: um ponto fraco para outros sintomas emocionais e psíquicos.

Olhos arrancados Os olhos podem ter sido arrancados durante alguma tortura numa existência passada. Isso pode provocar falta de atenção, mesmo quando os olhos são normais nesta vida. Emocionalmente, a cegueira pode ser uma forma de evitar a verdade numa determinada situação. Os sintomas são supersensibilidade nos olhos, problemas para visualizar, incapacidade de olhar de frente e de transmitir amor através dos olhos.

Órgãos esmagados Isso pode resultar, na vida presente, em fortes sensações de debilidade física e em algum desequilíbrio geral no órgão afetado. Nem sempre os sintomas são fisicamente crônicos, mas podem ser irritantes e provocar problemas gerais: geralmente um "ponto fraco" para traumas emocionais e problemas psíquicos.

Pancadas Podem ocorrer em qualquer lugar, fazendo com que a área fique muito sensível. A pessoa afetada fica muito na defensiva, sem ter nenhuma razão consciente para isso.

Pele Há muitas doenças psíquicas da pele provocadas por sífilis, peste bubônica, lepra, queimaduras, marcas a fogo, agulhas e resíduos de doenças de outras encarnações ou doenças hereditárias, que se manifestam mesmo nesta vida. A Bíblia faz referências à transferência dos pecados do pai. Portanto, esta informação não é nova: só precisa ser recordada. Entre os sintomas estão: irritação, alergia na pele, sensação de desconforto e de sujeira.

Perda de partes do corpo Ocorre em várias circunstâncias. Pode-se perder a cabeça, as orelhas, os braços, as pernas ou os genitais. Os sintomas são fraqueza geral na área física do corpo atual. Ocorrem também problemas no funcionamento harmonioso da área afetada.

Queimaduras Podem ocorrer em qualquer parte do corpo, fazendo com que a área fique hipersensível e mais propensa a infecções.

Remoção de órgãos Inclui todos os órgãos internos, especialmente o coração, o cérebro, os olhos, o fígado e os rins. Se um órgão foi removido em outra encarnação, há geralmente uma fraqueza na estrutura etérica desse órgão. Quando se trata de algum órgão importante, como o coração, ocorrem problemas relacionados com a expressão de sentimentos e um estranho desapego e dureza de coração, resultantes da perda. Esse quadro de sintomas surgiu tantas vezes durante meus anos de trabalho que não é possível ignorá-lo.

Rupturas Podem ocorrer em qualquer parte do corpo, causando fraqueza geral na área, assim como sensação de vulnerabilidade. Alguém que tenha uma ruptura psíquica no coração geralmente é, emotivo demais em relação ao mundo à sua volta, tendendo, sem razão, a tomar as coisas de maneira pessoal.

Sangue Pode se tratar de sangue tomado durante rituais de magia negra. Isso é parte de um "acordo", que precisa ser neutralizado para que a pessoa se liberte. Pode também tratar-se de sangue recebido numa transfusão. Como geralmente há uma ligação interior entre o doador e o recebedor, a transfusão talvez resulte num equilíbrio positivo de uma dívida cármica. O sangue pode ser purificado pelos anjos durante a terapia de Psicorregressão.

Terremotos Esse trauma resulta em diferentes tipos de danos. Emocionalmente, o "choque" é uma prioridade importante.

Tortura Os tipos de tortura são muitos e afetam todas as partes do corpo, sendo difícil enumerá-los. Cada área de tortura precisa ser curada, assim como o choque, o trauma e a dor física ou psíquica que se relacionam com o acontecimento. É também necessário compreender realmente por que tudo aconteceu. É essencial tratar as causas desses danos e compreender a situação inteira para curar-se totalmente.

Transplantes Quando alguém recebe um órgão de um doador (ver também *sangue*), há geralmente uma forte ligação passada entre o doador e aquele que recebe. O transplante pode ser uma forma significativa de resolver uma dívida cármica que o doador nem imaginava que tinha!

Quando alguém deixa "todo o seu corpo para a ciência" depois da morte, é preciso refletir sobre o tipo de carma que estava tentando resolver com essa atitude.

Trepanação É um dano psíquico incomum, que nem sempre se revela na Psicorregressão. A trepanação é uma operação em que um pedaço de osso é removido do crânio. Há muitos séculos isso era feito como uma forma de exorcismo, para liberar espíritos e demônios do cérebro. Era realizada também na época dos incas com objetivos ritualísticos, assim como para aliviar sintomas físicos. Em épocas mais recentes, era feita para aliviar a pressão física no cérebro, provocada por uma hemorragia ou hematoma. Rosa Clarke sobreviveu a uma operação dessas: foi operada em 1948 e está viva e ativa, aos 74 anos.

Durante a terapia de Psicorregressão, os anjos conseguem curar os buracos psíquicos da cabeça depois de descobrir por que a operação foi realizada e quais as emoções negativas que foram liberadas.

Unhas Unhas arrancadas, como parte de alguma tortura, podem se manifestar como hipersensibilidade e fraqueza geral nos dedos.

Veneno/Poções Afetam geralmente a condição psíquica do sangue, que precisa ser tratado e energizado através da energia dos anjos. O "veneno psíquico" se manifesta no corpo físico como indolência, preguiça, lerdeza ou apatia, atraindo toxicidade para o sangue físico.

As poções tomadas no passado, como por exemplo o sangue dos rituais de magia negra, precisam ser neutralizadas pela força dos anjos para que as energias negativas sejam liberadas.

Cura entrevidas

Tipos especiais de danos psíquicos são tratados no período entrevidas (ver Glossário). Já tive várias experiências interessantes a esse respeito.

Conheci uma mulher de 70 anos que tinha vivido uma vida muito difícil. Tinha o rosto enrugado e as costas encurvadas. Uns quatro meses depois de sua morte eu a vi através de minha visão interior. Estava bem melhor, com o rosto mais suave, menos marcado e com a coluna mais reta. Eu a vi outra vez uns seis meses depois e suas costas estavam quase retas. Parecia mais jovem, mais feliz, e a alegria tinha voltado a seus olhos. Os agentes de cura psíquica do período entrevidas tinham feito um bom trabalho e ela tinha reagido muito bem.

Outra mulher, que também teve uma vida emocionalmente difícil, estava cheia de ciúme e ressentimento. Depois que ela deixou este plano terreno eu a vi durante uma visão. Seu corpo inteiro parecia embolorado. Mas vários meses depois eu a vi outra vez e ela tinha voltado à sua cor normal, depois de compreender e curar seu estado negativo.

Conheci uma jovem que se interessou por este tipo de cura. Queria muito ser terapeuta. Mas, nessa época, descobriu que tinha um grande tumor no cérebro. Ficou muito perturbada com isso, pois não queria deixar o corpo: queria passar a vida ajudando os outros. Como não teve essa oportunidade, decidiu dedicar sua força a esse trabalho, mas em outra dimensão.

Depois de deixar o corpo e de receber a cura no período entrevidas, ela se sentiu muito mais leve e com mais capacidade de ajudar as pessoas no plano terreno, não da maneira que tinha imaginado, mas em outra dimensão. Decidiu ser um espírito guia por algum tempo, antes de voltar e continuar suas lições pessoais aqui na Terra.

A função dos anjos no processo de cura

Algumas pessoas realmente *sabem* que os anjos existem, enquanto outras apenas suspeitam do fato. Na verdade, estamos cercados por esses maravilhosos seres não-físicos, que nos ajudam em todos os momentos.

Há uma complexa hierarquia de anjos de diferentes tipos, com funções bem específicas. Os quatro arcanjos, ou "chefes" da hierarquia, trabalham com diferentes tipos de energia: Rafael é o Anjo da Cura; Miguel é o Anjo Guerreiro; Uriel é o Anjo da Verdade; Gabriel é o Anjo do Amor.

Um vidente alemão que assistiu a uma sessão de Psicorregressão viu os Quatro Arcanjos em volta do divã. O Anjo da Guarda estava ali perto, ao lado do Anjo da Guarda do terapeuta e das correntes de poder que ajudam durante o processo terapêutico. O médium viu as energias negativas se acumulando na superfície da área afetada. O terapeuta usou sons sagrados e chocalhos para que as energias negativas irrompessem e viessem à superfície do órgão. Depois de a energia negativa vir à tona, o médium viu o chakra correspondente e a aura se abrirem. A energia negativa saía do corpo como uma nuvem escura.

Essa energia poderia ser uma massa informe de negatividade formada por muitas cores sujas diferentes. Como nem o paciente, nem o terapeuta nem a sala de terapia querem essa energia, os anjos se congregam para levá-la embora e transmutá-la; o que pode ser comparado a um "processo divino de reciclagem". Alguns pacientes *sentem* literalmente as energias negativas deixando o corpo, enquanto outros apenas *sabem* que isso está ocorrendo. Mas isso não importa, contanto que aconteça.

Os Quatro Arcanjos presidem a terapia com outros anjos que ajudam de várias maneiras, de acordo com suas capacidades e funções. O Arcanjo Gabriel transmuta todas as energias negativas ligadas ao amor; o Arcanjo Miguel, o Anjo Guerreiro, transmuta as energias negativas ligadas a espíritos, elementais, ligações passadas com magia negra, feitiçaria ou outras energias ligadas a influências demoníacas. O Arcanjo Rafael ajuda durante o processo de cura, particularmente no que diz respeito a danos psíquicos. O Arcanjo Uriel, aparentemente o menos famoso, por ser o Anjo da Verdade, transmuta todas as distorções ligadas à verdade, incluindo mentiras, mau uso do poder e energias relacionadas com várias formas de auto-ilusão. Enquanto os arcanjos levam embora as energias negativas, o Anjo da Guarda do paciente protege o corpo e a aura.

Se o paciente for cristão, então a energia de Cristo é evocada, como harmonizadora perfeita das energias que estão sendo liberadas e transmutadas. Quando o paciente é budista, Buda age como pivô para as energias. Isso se aplica a todas as energias das crenças religiosas do paciente. Alá,

Vishnu e Jeová são tratados com igual respeito e veneração, de acordo com as necessidades individuais do paciente.

Há também outros seres poderosos que trabalham com os terapeutas com finalidades específicas, para a obtenção de ótimos resultados. Se, por exemplo, houver uma influência demoníaca muito pesada a ser liberada, pode-se evocar energias xintó, islâmicas e dos índios norte-americanos, além de outras fontes de poder, especialmente se as influências demoníacas estiverem ligadas às fontes dessas energias, pois os resultados funcionam à maneira homeopática.

Às vezes, as influências demoníacas tentam impedir que o paciente faça terapia. Um médium belga viu dois diabinhos tentando impedir que um paciente descesse ao subconsciente. Mas, no momento em que os Quatro Arcanjos foram evocados, os diabinhos ficaram imobilizados, até o fim da terapia. Depois, foram levados embora e transmutados pelos "Quatro Grandes".

Uma mulher com muita capacidade mediúnica viu os anjos levarem embora suas energias negativas em sacos grandes e panos brancos. Ela não gostava de aranhas e descobriu que precisava liberar uma aranha durante a terapia. Os anjos, percebendo seu medo, colocaram a aranha num pano branco antes de levá-la embora para ser reciclada.

A maioria das pessoas que vem fazer terapia sabe interiormente que os anjos existem. Assim, trabalhar com os anjos não é problema. Até mesmo os céticos demonstram confiança interior quando estão mais receptivos, num estado alterado de consciência.

Obviamente, é a mente lógica que causa os problemas, e não o conhecimento interior. Muitos não pensam em anjos na vida cotidiana, apesar de viverem cercados de literatura sobre eles e de verem os anjos representados em obras de arte no mundo inteiro — em vitrais e na literatura espiritual — e em referências da Bíblia. Assim, as informações estão à disposição de quem quiser aprender mais sobre os anjos.

Os anjos assumem muitas formas. Podem ter a aparência de uma figura humana, com ou sem asas, de um globo de luz ou de uma espiral de energia. Geralmente têm uma cor predominante, que parece mudar conforme as necessidades da pessoa. Houve uma descoberta maravilhosa durante a evolução da terapia de Psicorregressão: vários anjos cuidam de diferentes partes do corpo. Eles parecem residir nas áreas mais importantes, e algumas pessoas têm mais anjos que as outras no corpo e na aura. É difícil saber se isso é ou não parte de algum sistema cármico de bonificação! O certo é que quem tem anjos em vários órgãos parece ser dotado de mais energia física.

Sinto que é um direito divino de todos ter muitos anjos menores que ajudem a energizar o corpo. Mas, devido a imprudências passadas relacionadas com atitudes negativas, pode-se, temporariamente, renunciar a esse direito. Sei que os anjos não abandonam seu trabalho de proteger e energizar um órgão quando alguém age com imprudência, mas podem se afastar em determinadas situações. Isso geralmente acontece quando um órgão acumulou muitas lembranças negativas. Em outras palavras, trata-se de uma "área de desastre cármico", que precisa de muito tratamento e atenção.

Quando alguém realizou muitas ações positivas, um anjo permanece na área afetada para manter o órgão funcionando, mesmo que haja um acúmulo de energia negativa. Muitas vezes o anjo está preparado para continuar a energizar o órgão até que a pessoa esteja internamente preparada para se modificar. Isso pode levar séculos no caso de alguém que não está disposto a mudar. Mas pode ocorrer uma percepção interior que modifique a atitude da pessoa em relação a si mesma e em relação à vida num piscar de olhos. Os anjos ficam extremamente aliviados e felizes quando essas mudanças ocorrem, pois não precisam mais trabalhar tanto para que um órgão funcione suavemente, podendo começar a funcionar numa freqüência muito mais alta.

A função dos querubins no processo de cura

Os querubins, ou anjos-bebês, manifestações de amor e alegria, também são capazes de ajudar os anjos nesse trabalho especializado. Geralmente, recebem órgãos menores para cuidar, antes de começarem a cuidar de áreas mais complexas. Cada ser humano é tão único que é impossível generalizar. Há querubins que cuidam dos ouvidos, para ajudar a produzir leveza e alegria numa situação de depressão. Às vezes eles cuidam dos pés, ajudando a pessoa a andar na direção correta através da vida. Eles podem cuidar das mãos para guiar a ação correta. Ocasionalmente cuidam de algum órgão importante, mas sempre em conjunto com outros querubins ou anjos. O Anjo da Guarda cuida do corpo inteiro e da aura, agindo como guia dos outros anjos presentes na psique. Fiquei muito feliz quando soube que os anjos têm sua própria descendência. Os anjos andróginos, assim como os anjos masculinos e femininos, assumem funções diferentes para nos ajudar em nossa jornada em direção à totalidade.

Uma mulher foi ouvir o evangelista Billy Graham e viu muitos querubins brincando no palanque. Ficou muito feliz com essa visão deliciosa, pois eles provavelmente estavam ali para aumentar a alegria e o amor entre as pessoas presentes.

Livre-arbítrio e dualismo

Todos os tipos de anjos positivos têm uma regra de ouro: nunca interferem no livre-arbítrio. Não alteram, inclusive, a marca psicogenética de alguém que não tenha vontade de se modificar. Os anjos podem cuidar de um órgão, mas não podem modificar sua condição psíquica. Às vezes, é difícil para eles ficar distantes, sabendo que o sofrimento vem de um carma passado, gerando ainda mais problemas na vida atual. Se os anjos de luz interferissem, seria como se estivessem trabalhando para a oposição, pois só os anjos das sombras tentam modificar o livre-arbítrio.

O dualismo, em termos de macho e fêmea, de noite e dia, de bem e de mal, se reflete também nos planos não-físicos da existência no atual estágio da nossa evolução, pois cada forma de vida está passando por um processo único de desenvolvimento. Até mesmo as formas involutivas de energia mudam durante o grande processo de transformação. Isso quer dizer que até mesmo o tipo mais satânico de ser acaba alterando sua forma. Como não há vida sem mudança, as condições estáticas não têm escolha: precisam mudar de forma. Quem se recusa a mudar transforma-se em zumbi, ou morto-vivo, começando a destruir a si mesmo e as pessoas à sua volta.

As energias demoníacas ficam aprisionadas pela falta de movimento no interior das diferentes formas de vida, pois se esquecem da fonte de onde se originaram. Mas, através da mudança, a energia divina pode ser despertada no interior da energia mais grosseira. Os demônios, espíritos ou anjos escuros que habitam o lado sombrio da vida, não querem mudar de forma, pois se identificam completamente com a negatividade. São muito hábeis para fazer com que a pessoa envolvida acredite que o mais irracional dos comportamentos é, de alguma forma, justificável. Esse tipo de força pode ficar aprisionado na realidade artificial de sua própria existência por bilhões de anos, até que alguém resolva transmutar seu carma negativo. Só então essas influências malignas têm a oportunidade única de descobrir uma nova identidade divina. Isso só acontece quando se permite que as portas da mudança se abram.

Os conflitos não ocorrem apenas nos países, mas também no interior de cada um de nós. É muito fácil, no dia-a-dia, cairmos num falso sentimento de complacência, sem conseguirmos aceitar que precisamos mudar a nós mesmos. A mudança é um processo contínuo em nossas vidas: um pensamento dogmático pode se transformar num fóssil que obstrui o nosso desenvolvimento espiritual. Mudança significa abandonar coisas que, de alguma maneira, nos deram segurança. Por exemplo: "O demônio que você conhece é melhor que o demônio que você não conhece." Atitudes como "resistência ao tratamento", "resistência à mudança" ou "medo da mudança", que ocorrem no início da terapia, podem ser modificadas através da Psicorregressão, assim como através do poder da oração e do autoconhecimento pessoal gerado pelo desejo sincero de conhecer a verdade.

Curando feridas e danos passados

Agora que já compreendemos como os danos de vidas passadas afetam a nossa vida presente no nível psicológico e emocional, e que os anjos podem nos ajudar nesse processo dinâmico de cura, estamos num estado mental muito melhor para compreender como curar efetivamente esses danos psíquicos.

Uma paciente queria liberar as principais fontes de trauma do seu corpo. Assim, passou pelo processo de relaxamento e, com seu Anjo da Guarda, em estado subconsciente, viajou ao fundo do mar. Quando se sentiu confiante e segura, o fundo do mar se abriu e ela começou a flutuar em seu próprio corpo, através do topo da cabeça. O terapeuta contou de cinco a zero e ela chegou à fonte principal do trauma no seu corpo: o Plexo solar.

Em primeiro lugar, voltou centenas de anos a uma época em que era mulher de um marinheiro. Ela costumava ficar sentada à janela todos os dias, esperando o marido voltar. Mas um dia ele não voltou, porque tinha se afogado no mar. Ela não chorou: reprimiu todos os sentimentos de "perda, dor e ressentimento" por ele ter morrido e uma profunda "raiva de Deus" por ter permitido que isso acontecesse. Ninguém, nem mesmo ela, soube o que sentia.

Em segundo lugar, passou por outro trauma como um jovem soldado morto em batalha por uma espada enterrada na área do plexo solar de seu corpo. Nos últimos momentos dessa vida, sentiu ressentimento e raiva por morrer tão jovem, cheio de dor e perda.

Em terceiro lugar, durante sua infância na vida presente, passou por um grande "choque emocional" aos quatro anos de idade, quando sua mãe morreu num acidente de carro. Ela também estava no carro e se feriu gravemente na área do plexo solar, agravando o "choque emocional".

É claro que essas não foram as únicas experiências que afetaram essa área do seu corpo, mas isso já basta para dar uma idéia de como um processo cármico não-resolvido pode ocorrer numa única área.

O acúmulo de energias negativas dessas três experiências veio à superfície do plexo solar através da Psicorregressão com o uso de sons sagrados, chocalhos e com a ajuda dos "Quatro Grandes". As emoções negativas acumuladas de "dor, sentimento de perda, ressentimento e raiva", assim como o "choque emocional" e a "dor reprimida" nesta vida foram rompidas e vieram à superfície do plexo solar. Essas emoções negativas foram descritas pela paciente como energia suja, cinza e negra. Quando vieram à superfície, a paciente conseguiu visualizar e saber interiormente, sem sombra de dúvida, que o chakra do plexo solar e a aura tinham se aberto para liberar as emoções acumuladas.

Os anjos ajudaram a retirar essas energias sujas do corpo e da aura, transmutando-as instantaneamente. Então, com as energias negativas já liberadas, os anjos encheram a área afetada com a energia divina de cura (a paciente sabia intuitivamente a cor), pois não se pode tirar alguma coisa sem colocar outra em seu lugar (a natureza tem horror ao vácuo). É nesse estágio que os espíritos elementais ou as influências de animais, pássaros ou insetos negativos, que não foram atraídas pelo resíduo de emoções negativas, são também liberados, juntamente com outras influências, decorrentes de ligações negativas passadas. A área afetada fica novamente cheia de energia divina. A área do plexo solar da paciente ficou mais energizada e preparada para a cura dos danos psíquicos que, neste caso, eram o ferimento de espada na vida passada como soldado e os ferimentos no acidente de carro na vida presente.

O Anjo da Guarda da paciente foi chamado para ajudar a curar o plexo solar, além de um anjo especial que habitava nessa área. Eles curaram o tecido danificado do plexo solar, inclusive a pele e os músculos da área ao redor. Todos os ferimentos psíquicos foram curados, deixando a pele mais viva e vibrante.

Depois de os danos psíquicos terem sido curados pelos anjos, a paciente se uniu ao anjo específico da área do plexo solar, que tem, como qualidades principais, a força e a coragem. Então, o plexo solar se reequilibrou como uma linda flor ao sol da manhã. A aura foi inundada de energia divina e, depois de liberar outras influências negativas, a paciente se uniu ao seu Anjo da Guarda, que habita o interior da aura, absorvendo suas qualidades de amor e compaixão.

Não se pode ignorar que, apesar de lidar com o irracional, a Psicorregressão é um sistema de cura sistematizado e altamente abrangente. E, como o procedimento é também muito ritualístico, o paciente consegue trabalhar "irracionalmente" dentro de um quadro de referências, sentindo-se assim, mais seguro.

Na Missa cristã, há um procedimento ritualístico antes da consagração do pão e do vinho — o momento em que ocorre a transubstanciação (o pão e o vinho se transformam no corpo e no sangue de Cristo). Com o conhecimento profundo desse ritual, é possível relaxar, absorver e aceitar naturalmente esse importante processo de transformação. Por ser familiar, o ritual impede que a transformação assuste. O mesmo se aplica à terapia. É possível resolver problemas através de um sistema cuidadosamente preparado que permite entrar em contato com as partes mais profundas e divinas do eu.

Quando órgãos e membros — cabeça, braços, pernas, língua ou órgãos genitais — foram cortados ou arrancados em outras encarnações, os anjos trazem de volta o equivalente etérico do órgão, juntando-o ao resto do corpo. Um paciente sensível percebe quando isso acontece, pois a parte afetada do corpo fica mais forte. Buracos, ferimentos e rasgões também são tratados pelo anjo apropriado.

No caso de órgãos removidos através da tortura ou de alguma operação, seu equivalente é chamado pelo Eu Superior do paciente até que se manifeste acima do corpo. É então purificado pelos anjos, fundindo-se gradualmente com o corpo físico deitado no divã, até se recompor e ficar ligado ao resto do corpo.

Cortes, queimaduras e doenças da pele são purificadas pelos anjos antes que a nova pele etérica seja reformada. Isso, por sua vez, afeta sutilmente a pele física (ver história de caso na página 131).

A função do terapeuta é servir de canal terreno para que os anjos realizem seu trabalho, como o fio-terra de uma tomada.

Os anjos purificam e examinam ferimentos diversos, como ferimentos de machado, flecha, bala e faca, certificando-se de que não sobrou pedaço algum da arma etérica no corpo do paciente. Eles só fecham a área depois de retirarem qualquer pedaço da arma ou instrumento psíquico que eventualmente tenha permanecido no corpo.

Quando, numa vida anterior, alguém foi sufocado, afogado ou intoxicado por gás (uma experiência comum há vários séculos ou durante os anos de guerra), o trauma emocional e toda a energia remanescente da experiência da morte — o equivalente psíquico da terra, da água, ou do gás, por exemplo — também precisam ser removidos.

Se, no passado, o corpo foi totalmente destruído ou mutilado, então os anjos trazem de volta o corpo como era antes de ser destruído, ou reconstroem um novo corpo etérico. Isso é feito com facilidade, pois o trabalho é feito fora do espaço e do tempo. O paciente sempre sabe de que maneira o corpo etérico associado a determinada experiência deve ser integrado à atual estrutura áurica. Esse tipo de operação fortalece a aura atual, assim como o corpo físico.

Marcas a fogo ligadas a acordos ou pactos diabólicos do passado são sempre rompidas e atraídas à superfície da pele junto com as emoções negativas. Depois, são liberadas com outras influências negativas que possam ter-se acumulado.

A energia de pactos de sangue ou venenos psíquicos, que geralmente fica no sangue, precisa ser trazida para toda a superfície do corpo. Quase sempre o paciente vê esse tipo de energia como uma cor vermelha, marrom ou preta. A aura e a estrutura psíquica da pele são abertas e a energia negativa é substituída por uma energia positiva.

No caso de ter ocorrido um transplante de coração ou de algum outro órgão, o paciente entra em sintonia com as energias negativas do órgão do doador, liberando-as junto com suas condições negativas. Os anjos podem então curar o órgão e rejuvenescê-lo com energias espirituais, escolhidas especialmente para a área afetada.

Os anjos dissolvem as cicatrizes de estrangulamento, fortalecem e rejuvenescem a pele.

Quando a coluna ou os membros ficam psiquicamente tortos por causa de danos passados, os anjos os endireitam e as emoções e influências negativas correspondentes são liberadas. Quando alguém passa por esse tipo de experiência, a coluna física é gradualmente fortalecida, como no caso de qualquer outro tratamento.

Feridas de mártir, agulhas, espinhos, pregos ou balas são soltos e liberados — junto com as emoções correspondentes — da mesma forma que as "marcas a fogo", já mencionadas. Qualquer objeto psíquico que tenha ficado no corpo ou na aura é removido pelos anjos.

Havia uma mulher que sentia tanta dor física que achava difícil ficar deitada confortavelmente no divã. Pedi aos anjos que lhe dessem um analgésico psíquico para aliviar-lhe o desconforto. Perguntei-lhe de que cor era o analgésico e descobri que era uma substância azul-clara que permeava seu corpo inteiro. Depois disso, ela conseguiu continuar a terapia, pois o analgésico não afetava sua mente, ou as emoções, mas apenas o corpo.

Depois de curar danos psíquicos importantes, a aura sempre precisa ser tratada, pois ela reflete externamente tudo o que ocorre no corpo físico. A aura também pode ser diretamente danificada, através de um choque, de um trauma, do uso excessivo de álcool, de drogas pesadas ou através de um tratamento de eletrochoque. Esses incidentes provocam rasgões, buracos ou áreas fracas na aura. Os anjos conseguem curar todos esses problemas, usando a energia divina, depois de as fontes negativas do dano terem sido tratadas.

Durante o processo de Psicorregressão, é preciso compreender como o dano ocorreu e o que essa experiência pode ensinar, para que os ferimentos psíquicos sejam curados. Na regressão comum, esses fatores não são levados em conta. Essa é uma das diferenças mais importantes entre as duas abordagens: a Psicorregressão cobre uma gama muito mais ampla de possibilidades no processo de cura. Que eu saiba, nunca se escreveu sobre esses métodos, nem no Oriente, nem no Ocidente.

6
Liberação de partes aprisionadas do eu

No interior do eu, é surpreendente a quantidade de partes que precisam ser unidas e harmonizadas antes de nos tornarmos seres totais ou sagrados. Se um número maior de médicos ortodoxos, psicólogos e outros profissionais da psique humana compreendessem realmente os efeitos de carmas passados não-resolvidos, uma ação muito mais efetiva poderia ser empreendida nos sistemas de cura mais difundidos. Não é fácil compreender que a vida é, na verdade, mais estranha que a ficção.

Tudo na Terra é feito de energia, que vibra em diversas freqüências, dependendo do padrão estrutural interno de átomos e moléculas. Quando essas energias são perturbadas, elas ficam presas ou paradas como num ralo, permanecendo estáticas até que se soltem e se modifiquem harmoniosamente. Ocorre a mesma coisa com as energias cármicas não-resolvidas. Como uma orquestra, somos compostos de muitas partes, e cada instrumento precisa tocar em harmonia com o conjunto para produzir o melhor som possível.

Os escritores de ficção científica demonstram compreensão intuitiva ou talvez inconsciente daquilo que se passa nos recessos mais profundos da psique quando escrevem sobre pessoas aprisionadas em outras dimensões ou zonas do tempo. Esses escritores conseguem entrar em sintonia com aquilo que o dr. Carl Jung chamava de "inconsciente coletivo" o ponto de encontro, fora do espaço e do tempo, onde todas as nossas experiências passadas, presentes e futuras se concentram numa grande unidade universal de vida.

A integração pessoal das diferentes partes de nós mesmos é a verdadeira base para a iluminação. Para nos tornarmos seres humanos totalmente integrados, felizes e amorosos, precisamos nos conhecer realmente. Isso significa chegar novamente a uma união com todas as diferentes partes, talvez perdidas, de nós mesmos, que podem ter-se extraviado em algum lugar ao longo do caminho em direção à totalidade.

Espaço... tempo... e reencarnação

O tempo é feito pelo homem e confunde tanto o mundo dos espíritos quanto o mundo dos seres humanos. Quando os médiuns tentam situar acontecimentos numa seqüência temporal, dentro de um período determinado, o resultado é geralmente inexato, pois no mundo do espírito o tempo não existe e os acontecimentos são simultâneos. Através da médium Jane Roberts, o conhecido espírito-guia Seth fala sobre a reencarnação que ocorre simultaneamente fora do espaço e do tempo. Segundo esse conceito, não vivemos apenas uma vida por vez, mas várias, de maneira concomitante e não seqüencial. Não é fácil compreender intelectualmente essa idéia, mas descobri, durante a regressão, que parte da consciência pode viver simultaneamente em outra dimensão.

Mesmo aqueles que acreditam ou sabem intuitivamente que a reencarnação é um fato, sentem-se muito mais felizes ao pensar que vivemos uma vida por vez, pois parece mais fácil acreditar nisso, não sendo necessário se aventurar em águas profundas demais até para um início de compreensão. Mas não há regras fixas no que diz respeito ao desenvolvimento da psique humana. Tanto faz se vivemos simultaneamente várias encarnações coexistentes ou se vivemos apenas uma por vez: é sempre necessário integrar todas as partes do eu para que as energias se harmonizem, o que permite que fiquemos realmente equilibrados.

Apesar do tempo ser feito pelo homem, há um continuum espaço-tempo que é muito real para nós. Há energias que ficam presas nos períodos entrevidas, assim como em outras dimensões ou zonas do tempo nas quais vivemos antes de vir para a terra. Quando essas energias são reintegradas, sentimos um tipo de alívio que não dá para ser traduzido em palavras.

Energias aprisionadas: causas e sintomas

Quando alguém tem uma "parte faltando", os sintomas variam bastante. A sensação mais comum é a de que "falta alguma coisa" na vida. Ou talvez a pessoa afetada se sinta "desorientada", "preocupada" ou com saudades de alguma coisa que não consegue definir.

Durante a regressão, um jovem índio reviveu uma batalha onde teve a cabeça e uma perna cortadas. Depois da morte, seu espírito viu que a cabeça e a perna estavam separadas do corpo. Durante a terapia, os anjos ligaram as partes etéricas que faltavam ao corpo físico atual. Nada faltava ao corpo físico na vida presente, mas ele sentia fraqueza numa das pernas e tinha problemas no pescoço e na garganta. Assim, compreendeu intuitivamente as experiências daquela encarnação. Durante a sessão, os anjos ligaram a cabeça etérica à cabeça física e ligaram também a perna que faltava. Naquela vida passada, ele tinha sido uma pessoa profundamente religiosa, e ficou muito perturbado ao ser enterrado em solo não-consagrado. Essas duas situações não-resolvidas fizeram com que seu espírito ficasse aprisionado nas vibrações daquele trauma. Quando os danos psíquicos foram curados e as partes que faltavam foram reintegradas através da Psicorregressão, ele se sentiu muito mais presente no próprio corpo e mais ligado às energias de sua vida atual.

Geralmente, o espírito é liberto do corpo físico depois da morte. Mas o tipo de morte, conjugado com o estado emocional e psíquico de cada um, tem grande influência na encarnação seguinte. Os budistas dizem que a maneira pela qual a pessoa deixa uma vida indica como continuará na vida seguinte. Isso significa que há fortes implicações cármicas que podem facilitar ou dificultar a existência subseqüente.

Os budistas procuram facilitar a completa liberação do espírito depois da morte através de cânticos e preces. Muitos católicos mandam rezar uma Missa de réquiem em sufrágio da alma que partiu, sem compreender, talvez, as ramificações interiores desse procedimento. Na maioria das religiões e sistemas religiosos há várias cerimônias e preces para os espíritos dos mortos, que os ajudam a superar qualquer trauma relacionado com a morte do corpo físico.

Liberação de um espírito do Egito antigo

Um homem sentia que "faltava alguma coisa". Regrediu a uma vida no antigo Egito, quando era um alto sacerdote do templo. Ele tinha uma posição importante na estrutura hierárquica do templo e exercia muito poder. Homem dedicado, não procurava agradar ao faraó: nem sempre concordava com o que ele dizia. Vivia cercado pelo ciúme e pelo ressentimento de pessoas que queriam usurpar sua posição. Além disso, ele era contra a adoração de vários deuses. Assim, começou a ser gradualmente envenenado pelos seus inimigos, ficando muito fraco e profundamente triste por causa da sede de poder das pessoas à sua volta, enquanto ele só queria o melhor para o Egito.

Na época, era costume remover órgãos do corpo depois da morte. Assim, quando ele morreu, vários órgãos foram removidos e colocados em jarros especiais. Uma solução de ervas foi colocada no corpo para preservá-lo e ele foi embalsamado com as bandagens da mumificação. Durante esse processo, alguns encantamentos foram secretamente incorporados às dobras do pano para aprisionar o espírito e impedir a reencarnação. O homem foi ritualmente amaldiçoado e uma cerimônia de magia negra foi realizada sobre seu corpo antes que ele fosse oficialmente colocado no sarcófago.

Durante a regressão, com a ajuda dos anjos, ele entrou novamente em contato com o espírito aprisionado na forma mumificada. Aliás, é interessante notar que a múmia ainda não foi desenterrada. Os anjos abriram as bandagens para liberar o espírito do sacerdote egípcio que tinha ficado aprisionado por milhares de anos através da magia negra. O espírito foi trazido de volta até ficar sobre o corpo físico do homem, deitado no sofá, na época atual. Depois do equivalente psíquico ter sido totalmente limpo pelos anjos, o espírito egípcio foi reintegrado ao homem inglês. O aspecto positivo desse espírito compreendia poder e totalidade.

Para completar o processo de cura, os anjos liberaram os órgãos psíquicos que estavam nos jarros, reintegrando-os aos órgãos físicos da existência atual. Isso teve como resultado fortalecer os órgãos e melhorar a saúde física geral e o bem-estar.

Incorporar essas partes que faltavam e ligá-las novamente à parte aprisionada permitiu, a longo prazo, que ele desenvolvesse seu potencial interior e ficasse muito mais centrado no corpo físico. Ele compreendeu que precisava saber por que tinha se colocado inconscientemente no papel de "vítima". Isso tinha relação com outros aspectos do carma passado não-resolvido, associados à "culpa". Ele estava se punindo inconscientemente, na encarnação egípcia e também na vida presente.

Energia umbilical aprisionada

Houve o caso de um rapaz que se sentia extremamente hipócrita, tendo que fingir para o mundo em geral que gostava de ser homem, quando sentia exatamente o contrário. Durante a terapia, viajou interiormente para a parte mais fraca do seu corpo, a área umbilical, que refletia seus problemas nesta encarnação. As energias estavam aprisionadas, em parte, por causa de seu "medo de viver na terra", por causa do medo do "choque emocional" e do "medo de viver num corpo de homem". Isso tudo estava relacionado com o fato de ter encarnado num corpo de homem, embora preferisse um corpo de mulher.

Ele também tinha passado por várias encarnações em outros planetas. Nessa época, não estava limitado pela sexualidade: era andrógino e possuía um corpo mais leve e luminescente. Também tinha passado por várias vidas na terra, guardando lembranças felizes de quando vivia num corpo de mulher. Não tinha lembranças recentes de alguma existência feliz como homem. Essas energias foram liberadas da área umbilical com a ajuda dos anjos. Depois, conseguiu voltar a outra existência, quando tinha sido feliz como homem, gostando de viver em seu corpo.

A combinação desses dois aspectos importantes fizeram com que ele se aceitasse melhor e conseguisse encarar sua masculinidade sem as fortes reservas inconscientes que o impediam de gozar totalmente a vida. O rapaz ficou muito mais extrovertido e conseguiu manter relacionamentos mais duradouros.

Energias aprisionadas indicam negócios não concluídos

As partes do eu que ficam aprisionadas em outras dimensões indicam sempre que alguma coisa ainda não foi integrada e compreendida. Uma ação negativa pode provocar uma forte reação de culpa, geralmente ampliada por uma fraqueza já existente na marca psicogenética.

Uma mulher tinha auto-estima muito baixa e achava que era feia. Voltou à Alemanha do século V a.C., onde se viu como um homem de-

formado, com a cabeça muito grande, pés e mãos pequenos. Por causa dessa deformidade, ele foi pendurado numa gaiola no centro da cidade para que todos o vissem e zombassem dele. Depois de muito sofrimento físico e emocional, ele morreu na gaiola.

Ao reviver essa morte, a mulher liberou a solidão, a sensação de feiura e o ódio relacionados com aquela personalidade passada. Nesta vida, aprendeu através dessa experiência que qualquer tipo de diferença entre as pessoas pode gerar problemas que despedaçam qualquer um. Mesmo depois da morte, ela sabia que era o ódio das pessoas que tinha aprisionado internamente as energias naquela determinada zona do tempo, distorcendo a marca psicogenética e criando uma perturbação nas estruturas áuricas da vida presente. Por exemplo: o ódio tinha criado deformidades psíquicas na sua estrutura óssea. Mas, quando os anjos liberaram os danos psíquicos, a coluna ficou reta, a estrutura óssea se harmonizou e os braços, pernas e cabeça assumiram a postura correta. A amargura e o ressentimento relacionados com um amor perdido numa encarnação anterior tinham provocado essa reação tão forte nessa vida.

Ao conseguir aceitar e amar a si mesma, essa mulher começou a gozar a vida no presente, sentindo-se quase renascida depois de liberar o ódio de todos os demônios, espíritos e energias negativas associadas com aquela determinada vida. Ela precisava aprender que o ódio deforma, mina e até mata, de uma maneira ou de outra.

Fora do tempo

Uma mulher ficou aprisionada em outra zona do tempo por causa de "teimosia", "rigidez emocional" e "medo de se soltar". Ela voltou a uma época em que era um jovem de 24 anos, apaixonado por uma moça. Mas a família da moça não queria que eles se vissem porque ele vinha de um ambiente mais pobre. Os dois combinaram um encontro numa determinada noite às margens do rio. Como a moça não foi ao encontro, ele se sentiu abandonado, rejeitado e com o orgulho ferido. Jurou nunca mais tornar a vê-la e cumpriu o juramento. Nunca se casou e, aos 50 anos, ainda pensava nela, sentindo-se traído em seu amor. Aos 60 anos perdeu a vontade de viver, ainda sentindo que ela era a única que o compreendia. Morreu triste. Depois de deixar o corpo, ele compreendeu que havia desperdiçado a vida por causa da teimosia e das idéias fixas sobre como a vida deveria ter sido.

Entre as emoções negativas liberadas, ligadas a essa experiência, havia o "medo de se soltar", a "sensação de ser abandonado", "rejeição", "aborrecimento com a vida", "sensação de espera", "teimosia", "medo de começar de novo", "falta de fé na mudança positiva" e "rigidez emocional".

Depois da regressão, ao voltar à situação de mulher nesta vida, parou de procurar o homem perfeito, tornou-se muito mais realista e positiva em relação a seus relacionamentos e passou a ser menos exigente. Tinha ficado "fora do tempo" em relação às realidades da vida porque havia perdido a sintonia consigo mesma. Essa experiência a levou a uma ligação muito mais próxima com seus verdadeiros sentimentos.

Aprisionada pela culpa

Uma sueca regrediu no tempo e encontrou parte de si mesma vagando num cemitério, com um terrível sentimento de culpa e desespero. Como juiz (homem) nessa encarnação, tinha acusado injustamente uma moça de roubo. A moça foi julgada e condenada à morte. Tomado pelo desespero, pela culpa e pelo remorso, o juiz se matou, enterrando uma flecha no coração. Foi enterrado no mesmo cemitério em que a moça estava e ficou preso ali por causa de seu sentimento de culpa. Depois da regressão, as seguintes emoções foram liberadas: "desespero", "solidão", "sentimento de culpa", "falta de compreensão" e "sentimentos suicidas". Os anjos retiraram a ponta da flecha e curaram-lhe o coração. Depois, o espírito foi trazido de volta e reintegrado.

Assombrado pelo remorso no passado

Uma sul-africana ficou aprisionada em outra zona do tempo por causa de um assassinato que havia cometido em outro século. Regrediu até voltar a ser um homem pobre que vivia nos Andes, onde tinha que procurar comida para sobreviver. Uma noite, ele foi a um vilarejo e entrou numa casa. Ia roubar um pouco de comida quando uma garota de 10 anos o viu e gritou. Sem refletir, com o instinto de um animal faminto, ele matou a menina com uma faca, pegou a comida e fugiu.

Depois da regressão, ao voltar ao presente, a mulher ainda estava chocada com o que havia feito. Apesar de ter liberado os sentimentos de "culpa", "privação", "ódio por si mesma" e "impulsos assassinos", associados à experiência, ainda sentia muito remorso diante de si mesma e de sua relação com Deus. Por isso, foi necessário regredir outra vez para fazer as pazes com Deus, recebendo a absolvição.

A absolvição

Não é necessário ser um religioso ortodoxo para receber a absolvição dos pecados. A palavra *pecado* significa transgressão da lei divina, malfeito ou ofensa. Absolvição, no sentido geral, é um perdão formal ou remissão dos pecados. Em muitas religiões, é considerada um sacramento. A palavra absolvição vem do termo latino *absolvere*, que significa libertar ou inocentar.

Um paciente pode ser absolvido de transgressões cometidas em vidas passadas *depois* de ter regredido e compreendido os motivos de suas ações, e de ter liberado as condições psíquicas e as emoções negativas que acumulou durante várias encarnações. Só então ele estará pronto para receber a absolvição.

O terapeuta impõe as mãos sobre a cabeça do paciente e evoca a energia divina mais apropriada. Se o paciente for cristão, o terapeuta invoca Cristo, Nossa Senhora, São Francisco ou algum outro santo cristão; se for muçulmano, invocará o poder de Alá. O terapeuta pode chamar a energia divina que faz com que o paciente fique mais à vontade. Então, unge a cabeça do paciente com óleo sagrado, abrindo o chakra da coroa (ver Glossário). Com intenção divina concentrada, une-se com firmeza à fonte de energia divina que invocou.

Durante esses procedimentos, o terapeuta se transforma em veículo para a energia divina: ela flui harmoniosamente pelo corpo do paciente, através da cabeça, passando pelos braços e saindo pelas mãos. O terapeuta repete em voz alta as palavras da absolvição para que o paciente as escute, e depois entoa os sons sagrados apropriados para o momento divino. Muitas vezes, o paciente percebe que uma energia quente flui com suavidade através do corpo inteiro. Ele só poderá aceitar genuinamente esse perdão depois que a culpa e outras emoções negativas foram liberadas.

Enquanto recebe a absolvição, o paciente pode ver internamente a personificação de uma das energias sagradas presentes, como um anjo, um guia ou um ajudante espiritual. Já houve casos de pacientes que viram a figura de Cristo ou de Buda transmitindo a energia divina através do terapeuta.

Mesmo depois de o paciente ter liberado as energias negativas e recebido a absolvição, ele pode sentir necessidade de falar sobre seus sentimentos para conseguir se perdoar totalmente por suas ações passadas. Um bom exemplo é o de uma mulher que, numa vida passada, tinha sido um canibal na selva de Bornéu. Há mil anos, isso era permitido e socialmente aceitável. Mas ela quebrou o tabu da época e comeu alguns bebês de sua própria tribo. Como isso era totalmente inaceitável, ela foi ritualmente morta pela tribo por causa de seu delito. Depois da regressão, a mulher liberou as emoções negativas ligadas a essa experiência e recebeu a absolvição. Fez terapia por causa do "choque emocional" que sofreu ao tomar consciência de suas ações passadas. Depois dessa experiência, foi necessário que ela compreendesse que estamos todos evoluindo e que seus padrões morais e sua consciência de mil anos atrás eram muito diferentes de sua atual consciência e compreensão. Ela precisava compreender que todos nós passamos por muitas experiências positivas e negativas para chegar à união com Deus, e que o julgamento negativo não tem um papel construtivo nesse processo de transformação. Quando compreendeu que nem Deus nem o terapeuta a haviam julgado, conseguiu se perdoar interiormente. A auto-aceitação derrubou as barreiras restantes, ligadas a essa experiência, liberando partes aprisionadas de si mesma que não tinham vindo à superfície por causa da culpa profundamente arraigada, ligada ao passado.

Aprisionados pelo êxtase e pela bem-aventurança

É fácil ficar prisioneiros de experiências de êxtase e de bem-aventurança em vidas passadas: às vezes elas são mais difíceis de superar do que o seu equivalente negativo. Tendemos a nos agarrar ao que é harmonioso e feliz, até mesmo na vida presente. Ficamos tão apegados à fonte da nossa felicidade que não aprendemos mais nada com as experiências até que aconteça alguma coisa que nos ensine o desapego ao prazer, assim como a maneira de evitar a dor. Então, poderemos sentir com mais facilidade a liberdade interior e a paz que está em algum lugar entre os opostos que tanto tentamos evitar. Muitos dos antigos filmes japoneses de samurais retratam graficamente o princípio prazer/dor na bem-aventurança do amor extático e na dor da morte sem honra, insinuando sutilmente um estado além dos opostos. Trazemos bem no fundo de nós mesmos experiências dolorosas e agradáveis de nosso passado cármico, que habitam nas águas do esquecimento e do inconsciente, vindo à superfície apenas quando uma situação correspondente estimula a lembrança.

Há quem ache extremamente difícil integrar experiências de bem-aventurança e êxtase à vida cotidiana. Por exemplo: houve o caso de um jovem que tinha passado por uma experiência de vida muito feliz na China, como mulher. Nessa vida, era casado com um rico comerciante, mas tinha se apaixonado por um sócio do marido, tendo com ele um romance apaixonado. Mas o sócio achou que o relacionamento não era honroso nem diplomático, e acabou com tudo depois de alguns meses. Isso arrasou a moça, que passou o resto dessa vida lamentando essa perda. Na vida presente, como um jovem heterossexual, encontrou outra vez seu amor do passado (também um homem nesta vida) e foi ficando emocionalmente obcecado por ele, pois o encontro havia reacendido a breve experiência de êxtase do passado. O sócio que tinha terminado o relacionamento na China terminou outra vez o relacionamento no presente. O pobre rapaz sentiu outra vez todas as emoções ligadas ao que considerava um passado de êxtase, sentindo-se profundamente rejeitado. Mas esses sentimentos não impediram que continuasse cada vez mais convencido de que seu amigo era a sua alma gêmea, sem levar em conta o que o amigo realmente sentia. Com o passar dos anos, a situação foi ficando cada vez mais difícil, pois a obsessão do homem rejeitado não esmorecia, mesmo depois de vários tipos de psicoterapia, incluindo a Psicorregressão. Era óbvio que ele não queria realmente abandonar a obsessão por esse homem e pelo seu passado de êxtase. Esse caso ilustra uma verdade: se a pessoa não quer mudar ou não está preparada para isso, nada no céu ou na terra pode forçá-la a fazê-lo. Nenhuma terapia é eficaz sem a cooperação sincera do paciente e, como já dissemos, integrar experiências passadas de êxtase parece ser muito mais difícil.

Um jovem que uma vez tinha sido um anjo sentiu o êxtase celestial passado durante a regressão e achou extremamente difícil aceitar o fato de viver no plano terreno. Achava as moças de sua idade emocionalmente exigentes e materialistas em sua atitude diante da vida e dos relacionamentos. Bem cedo na vida ele conseguiu compreender um pouco a natureza de suas raízes espirituais e, para se adaptar com sucesso à vida neste mundo, atraiu uma namorada não-materialista e acabou se curando.

A liberação de espíritos aprisionados de embriões

Não é incomum que espíritos fiquem aprisionados no útero em decorrência de experiências de vidas passadas ou da vida presente. Quando uma mulher tem um aborto ou a criança morre antes do nascimento, o espírito pode ficar aprisionado na estrutura psicogenética do embrião. O espírito não desaparece no momento em que o feto morre: geralmente, fica entranhado no tecido do útero, principalmente quando a mãe fica traumatizada com a experiência. Essa perturbação emocional pode fazer com que o espírito fique fortemente ligado ao seu campo magnético, a menos que a mãe consiga liberar esse espírito através da meditação e da prece, livrando-se de seu apego emocional. Ela pode acumular vários embriões psíquicos numa só encarnação, no caso de mais de uma gravidez interrompida. Mas quando o apego emocional não é resolvido, esses espíritos a acompanham em outras encarnações, até que finalmente sejam liberados. Se, por outro lado, ela trabalhar as emoções relacionadas com o aborto, então o espírito poderá se libertar e entrar na fase seguinte de sua evolução.

Há mulheres muito apegadas aos filhos que não nasceram. Ao tecer fantasias sobre "o que poderia ter sido", provocam o que geralmente se conhece por *gravidez psicológica.* É um nome que descreve bem a situação. Alguns desses espíritos não-nascidos ainda têm um grande desejo de nascer e, com a ajuda das energias não-resolvidas da mãe, tentam atravessar o período de gestação. É por isso que a barriga da mulher cresce e ela parece realmente grávida. Uma gravidez psicológica diagnosticada nem sempre é tratada com o respeito e compaixão que merece.

Houve o caso de uma moça de uns 20 anos que era virgem. Como sua barriga crescia a intervalos regulares, ela consultou seu médico.

Ele lhe disse, sem interesse, que ela estava imaginando coisas e que tinha "apenas uma gravidez psicológica". A moça não recebeu nenhuma ajuda psiquiátrica e, mesmo que tivesse recebido, levaria muito tempo para se libertar do apego por embriões ligados a uma outra encarnação. Numa vida recente, torturada num campo de concentração, perdeu gêmeos. Numa vida anterior a essa, tinha praticado uma forma satânica de magia sexual e, numa encarnação remota, tinha perdido um bebê que queria muito, guardando ainda a dor dessa experiência. Todas essas experiências não-resolvidas resultaram em vários embriões psíquicos que tinham que ser liberados, além de traumas emocionais profundos, ligações satânicas e com magia negra.

Depois de reviver essas experiências passadas, ela conseguiu liberar a dor, a culpa e outras emoções correspondentes, assim como as ligações satânicas e com a magia negra. Quando todo esse processo terminou, seu útero vibrava com a luz e a energia divinas. Então, ela se uniu ao anjo que protegia a área do útero e ficou pronta para liberar os espíritos aprisionados nos embriões psíquicos.

O chakra do útero foi aberto e os quatro arcanjos e o Anjo da Guarda da paciente ficaram protegendo seu corpo e sua aura. O terapeuta evocou os anjos para tirarem do seu útero os embriões psíquicos, libertando-os para reencarnar. Nesse momento, a jovem precisou superar toda a relutância em liberar os espíritos aprisionados dos embriões psíquicos. Então, no momento de entrega interior, os quatro arcanjos tiraram suavemente do útero os espíritos aprisionados, liberando-os para a luz. A paciente geralmente sente uma profunda paz interior quando os espíritos são levados pelos anjos. O útero é inundado de luz e energia divinas e a paciente entra em união com o anjo que o protege. Depois, o chakra do útero se reequilibra naturalmente e a estrutura psíquica da pele, na área do útero, se fecha. Nesse processo, os anjos e o terapeuta cooperam, ampliando o processo de visualização interior.

Os homens, é claro, podem ter sido mulheres em outras encarnações. Mas, geralmente, esse tipo de regressão e liberação não ocorre quando o paciente tem um corpo físico masculino. Neste caso, o problema permanece latente na estrutura psicogenética até o indivíduo encarnar num corpo de mulher. Mas, quando se manifesta num homem, esse tipo de problema geralmente aparece, de forma oculta, no nível mental, como "inveja de mulheres grávidas" ou "desejo reprimido de engravidar". Esses desejos às vezes se manifestam num travesti que se veste como mulher... As razões são muitas e variadas, incluindo o desejo inconsciente de engravidar.

Partes do eu ficam aprisionadas de várias maneiras, devido a negócios não concluídos em outras encarnações. Os maus pensamentos, palavras e atos dirigidos contra os outros também nos afetam.

Quando ferimos os outros, geralmente ferimos a nós mesmos, pois além das limitações de espaço e tempo, no coração de Deus, somos, na verdade, um. Vamos tropeçando, de uma vida para a outra, tentando compreender esse fato de várias maneiras. E levamos, muitas vezes, milhares de encarnações para compreender essa verdade simples, criando abismos entre a essência divina e aquilo que percebemos como realidade. É incrível como criamos prisões para nós mesmos ao buscar a nossa liberdade divina!

7
Regressão sexual

Diferentes problemas emocionais, espirituais e monetários afetam a nossa vida cotidiana. Mas uma das áreas de maior perturbação é a da nossa vida sexual. Geralmente "deixamos isso de lado" porque não conseguimos localizar a verdadeira fonte do problema, que talvez esteja latente, há muito tempo, nos recessos inconscientes da mente e do corpo. Geralmente não se tem consciência de que é possível liberar o carma de existências passadas, e muito menos os problemas não-resolvidos ligados ao carma sexual.

Força sexual é *força vital.* Assim, problemas na expressão da sexualidade indicam um desequilíbrio que se reflete em todos os aspectos de nossas vidas. Primeiro precisamos admitir, mesmo que seja só para nós mesmos, que temos um problema. O desejo interior de mudar precisa ser fortemente motivado antes que qualquer transformação duradoura comece a ocorrer em nossas vidas externas. Nossa vida sexual nos revela claramente o quadro sintomático dos problemas sexuais mais profundos. Por exemplo: podemos ter uma fobia sexual, um desejo sexual muito forte ou muito fraco, ou sermos incapazes de expressar o nosso amor interior profundo de maneira natural e desinibida.

Sintomas de trauma sexual

É raro encontrar alguém com uma vida sexual e amorosa em harmonia perfeita em todos os níveis: sexual, emocional, mental e espiritual. No início de um relacionamento íntimo, pelo menos um ou mais desses níveis funciona ativamente. Um casal pode ter um relacionamento sexual razoavelmente harmonioso e compartilhar também de interesses semelhantes. Talvez o relacionamento satisfaça às suas necessidades básicas mas não seja apaixonado ou espiritualmente estimulante: as atitudes de cada um diante de assuntos espirituais podem estar latentes no subconsciente ou serem radicalmente diferentes. Quando a experiência sexual é separada do processo do amor, a pessoa envolvida tem a sensação de "estar se divertindo", sem ter consciência de que falta um ingrediente importante no relacionamento.

Havia uma jovem que tinha um relacionamento com cinco homens diferentes ao mesmo tempo: um relacionamento físico/sexual com um lutador de boxe, um estimulante relacionamento mental com um historiador da arte, um relacionamento criativo com um artista, um relacionamento intelectual com um filósofo e um relacionamento leve com um homem que só gostava de se divertir, sem levar a vida a sério. Ela conseguia viver todos esses relacionamentos recebendo apenas o que cada um podia lhe oferecer, sem lhes impor ideais impossíveis. A jovem aprendeu a apreciar as qualidades positivas de seus cinco namorados e, ao mesmo tempo, ter um relacionamento sexual vivo e concreto com o lutador de boxe. Anos depois, ela se apaixonou e passou a ter um relacionamento muito mais satisfatório e integral, conseguindo se expressar mais abertamente nos níveis físico, mental e emocional. Mas não deixou de compreender a importância de seus namorados, que a ajudaram durante seu processo de desenvolvimento.

Precisamos de amigos que nos ajudem a trazer à superfície da consciência os diferentes e fascinantes aspectos de nós mesmos. Apesar de não ser impossível, esses aspectos raramente têm a oportunidade de vir à tona num só relacionamento. Quando isso acontece, e quando *há* uma ligação dinâmica em todos os níveis, o relacionamento pode ser considerado uma dádiva divina dos mundos celestiais ou, possivelmente, uma demonstração viva das leis do carma positivo em ação.

Em relacionamentos sexuais, os parceiros podem se bloquear mutuamente, tendo relações com outras pessoas ou vivendo grudados um no outro devido a inseguranças, impedindo que seu amor flua para todos à sua volta. Todos nós já vimos, em festas, casais que ficam juntos o tempo inteiro em vez de fazer novos amigos e de compartilhar idéias e visões de vida. Um relacionamento que se transforma em prisão indica a existência de um forte trauma subjacente que se revela como "insegurança sexual e emocional". Quando essas emoções permanecem inalteradas, elas vão ficando cada vez mais entranhadas, sufocando os parceiros e destruindo gradualmente o relacionamento, a despeito das boas intenções.

Há muitas manifestações ou sintomas de trauma sexual, mas os mais freqüentes se encaixam nas seguintes categorias:

1. Anseio sexual

O anseio sexual se manifesta em insatisfação constante, por mais relações sexuais que se tenha. Isso geralmente se deve a um anseio intenso por um contato muito mais profundo que o ato físico da relação sexual, muitas vezes relacionado com fontes muito profundas de dor e inferioridade.

Existem, naturalmente, muitas razões para a insatisfação sexual constante. Mas, quase sempre, essas razões vêm de sentimentos muito mais profundos de falta de realização, ligados, talvez, a relacionamentos de outras vidas. Todas as fontes do trauma sexual têm relação com acontecimentos passados não-resolvidos.

No nível físico, pode haver desequilíbrio hormonal, incluindo um sistema endócrino superativo. A angústia e o anseio emocionais profundamente arraigados afetam e confundem as reações do corpo físico, e não o contrário, como geralmente se pensa.

O anseio sexual pode ter sido provocado, em parte, por uma morte que ocorreu durante uma experiência sexual agradável. Houve, por exemplo, o caso de um homem casado que vivia muito bem com sua mulher e filhos na Itália, quando o Vesúvio entrou em erupção. Ele estava fazendo amor com sua mulher no momento da erupção, quando a lava derretida desceu pela montanha matando a todos. Em outra vida, dessa vez como mulher, estava fazendo amor quando seu amante foi preso para nunca mais voltar. Numa encarnação mais recente como mulher, foi sexualmente torturada por não revelar os nomes de pessoas suspeitas de feitiçaria durante a Inquisição. Assim, em duas vidas, esse homem tinha morrido num momento de prazer sexual e, em outra vida, tinha sido sexualmente torturado. Não era de se surpreender a sua maneira exagerada de reagir ao sexo na vida atual.

Durante a terapia, todas as emoções traumatizantes, como "choque emocional" e "anseio", precisaram ser liberadas do corpo e da aura, especialmente do coração e dos genitais. Depois da terapia, o anseio sexual desapareceu completamente e ele passou a se sentir emocionalmente muito mais seguro e em paz consigo mesmo.

2. Indiferença sexual

Raramente tenho deparado com alguém sinceramente indiferente ao sexo dentro de um contexto amoroso. São poucos os celibatários que nunca pensam em sexo e que não têm nenhum tipo de necessidade ou desejo sexual. Já encontrei, em círculos religiosos, jovens que afirmam com firmeza que são celibatários. Só que repetem isso demais, tentando convencer a si mesmos. Baseiam-se num antigo condicionamento, segundo o qual ser celibatário é mais espiritual do que ter um relacionamento harmonioso. Trabalhei uma vez com um padre que se dizia celibatário apesar de se masturbar de tempos em tempos. Ele se aborrecia com esse hábito, mas mesmo assim achava que estava acima da luxúria da carne. Sofria muito com a culpa que sentia por causa de suas ações.

Há também homens e mulheres que não sentem muita satisfação ao fazer amor. Assim, vão se afastando aos poucos de seus desejos sexuais e de suas necessidades físicas.

Conheci uma mulher que só conseguia relaxar completamente uma ou duas vezes por ano, nas férias de verão, depois de ter tomado alguns tragos. Durante o resto do ano não tinha interesse sexual pelo marido e sua energia sexual se manifestava ativamente na língua afiada e numa atitude altamente idealista diante da vida. Era quase impossível viver à altura dessa atitude, especialmente para o seu marido.

A aparente indiferença sexual quase sempre encobre muita frustração e raiva em níveis mais profundos do ser, podendo afetar várias áreas do corpo, ou até mesmo o corpo inteiro. Há sempre emoções muito mais profundas sob a superfície. A "indiferença" precisa ser tratada antes que emoções mais arraigadas, como "dor", "medo do fracasso", "culpa sexual", "repulsa" ou alguma outra emoção mais essencial seja liberada.

É sempre necessário descobrir se há algum condicionamento negativo por parte dos pais. Assim, o terapeuta pode fazer com que o paciente regrida e compreenda o que é realmente esse condicionamento sexual arraigado, para que consiga superá-lo. Isso não libera apenas as emoções negativas do paciente, mas também as de seus pais. (Ver seção sobre regressão substituta, página 127.)

Às vezes alguém é considerado sexualmente indiferente só porque seu ritmo sexual só é estimulado durante determinadas fases do ciclo lunar. Na verdade, cada um tem necessidades sexuais e emocionais muito diferentes. Por exemplo: um homem afirmou que era sexualmente muito ativo, o que, para ele, significava ter relações uma vez por mês. Mas um outro homem dizia que não era sexualmente ativo, pois só fazia sexo cinco vezes por semana. Um terceiro homem achava que precisava ejacular várias vezes por dia para se livrar da tensão sexual.

O desejo sexual forte ou fraco demais indica que há um desequilíbrio no interior da psique que precisa ser corrigido. O ritmo sexual de cada um é único e depende de outros fatores, como estafa pessoal, condições do ambiente e desempenho emocional. O homem que tem relações uma vez por mês pode levar uns 28 dias para fazer com que sua energia sexual atinja seu potencial máximo. Talvez seja muito ativo no trabalho, despendendo muita energia. Assim, sua atividade sexual, nesse período restrito, pode ser orgasticamente muito mais forte do que certas ejaculações superficiais. O homem ou mulher que faz sexo com freqüência pode ter quantidade mas não necessariamente qualidade.

O ritmo do corpo fica mais estável e sintonizado quando se trabalha, ou pelo menos se compreende, alguns dos efeitos psíquicos do passado sexual de outras encarnações.

3. Repulsa e aversões sexuais

Fortes emoções negativas em relação à atividade sexual indicam que alguma coisa não foi resolvida no padrão cármico sexual, o que pode ter tido origem na infância — devido a atitudes do pai ou da mãe — ou em outras encarnações.

> *Houve o caso de uma moça que não gostava de ser tocada pelo marido e que tinha dificuldade até para abraçar os filhos. Ela regrediu a uma vida no século XVIII, quando era uma criadinha de 14 anos numa grande propriedade no campo. Era uma tarde calma de verão: os patrões tinham saído e ela passeava pelos jardins quando um dos empregados do estábulo a chamou para ver os cavalos. Quando ela entrou no estábulo, o rapaz fechou as grandes portas de madeira e a atacou*

sexualmente. Durante a regressão ela reviveu vividamente a experiência inteira, chegando até mesmo a tentar fugir do agressor e a limpar a roupa ao sair do estábulo.

Foi uma experiência muito traumática e ela chorou muito. Liberou depois as emoções negativas ligadas ao incidente: "repulsa sexual", "antipatia", "medo", "raiva", "ódio", "vergonha" e "choque emocional". Precisou também descobrir por que tinha se colocado no papel de vítima naquela experiência de vida passada. E compreendeu que provocou inconscientemente a situação por causa de uma culpa sexual do passado: ela havia abusado de seus poderes sexuais e de sua autoridade pessoal em vidas anteriores.

Em poucas semanas ela já estava fisicamente muito mais próxima do marido e dos filhos, e muito mais afetuosa. Seu marido chegou a ficar desconfiado, achando que era bom demais para ser verdade. Estavam fazendo terapia de casal e, quando telefonaram do consultório da psicóloga para saber por que eles não estavam comparecendo às sessões, eles disseram que não tinham mais problema algum. A mulher disse à psicóloga que havia regredido a outra encarnação — em que havia sido estuprada — e que já tinha liberado as emoções ligadas a esse trauma. A psicóloga ficou muito surpresa, sem saber o que dizer. Conseguiu murmurar alguma coisa e desligou o telefone (provavelmente sem acreditar em nada!). Mas os problemas da mulher não voltaram e ela passou a ter uma vida sexual e emocional muito mais harmoniosa e feliz. Além disso, seus filhos ganharam uma mãe muito mais carinhosa.

A repulsa sexual pode ser provocada por experiências não-resolvidas de vidas passadas, ligadas a torturas, humilhações ou privações, para citar apenas algumas possibilidades.

4. Dar e receber

Os problemas relacionados com a ereção, ejaculação e orgasmo estão sempre relacionados com o processo de dar e receber. É possível que haja um problema profundamente enraizado em experiências dessa vida relacionadas com o pai e a mãe, que uma criança sensível usa naturalmente como modelo.

Antes de encarnarmos, todos nós escolhemos o caminho de nosso destino, de acordo com as áreas da psique que precisam ser desenvolvidas e integradas ao resto do nosso carma. Talvez o nosso Eu Superior decida renascer para começar a compreender melhor o verdadeiro significado de "amor incondicional", "arte da bondade", "humildade", "desapego", ou a aprender a confiar em nossos recursos interiores, desenvolvendo nossa força interior.

Quase sempre, já convivemos com nossos pais e com outros membros de nossa família em várias encarnações anteriores à nossa vida atual, mesmo que num contexto totalmente diferente. Às vezes, a mesma pessoa é parente, marido, esposa, inimigo ou amigo. Isso faz com que compreendamos mais claramente por que esses relacionamentos originais são tão importantes. Eles se refletem na nossa atitude diante de nós mesmos, da nossa sexualidade e do mundo à nossa volta. Precisamos também aprender com as atitudes atuais de nossos pais, além de assimilar subconscientemente as experiências de vidas passadas.

Havia uma moça que tinha um relacionamento emocional muito distante com sua mãe. As duas nunca foram muito próximas e ela não conseguia compreender por que não tinham mais afeição uma pela outra. Isso afetava a relação com sua própria feminilidade: ela agia como uma adolescente e não como um mulher casada e madura de quase 30 anos. Ao regredir, voltou a ser um feto de três meses no útero da mãe, nesta mesma vida. Durante o início da gravidez, a mãe estava passando por problemas emocionais no casamento e vivia um dilema: não sabia se teria ou não o bebê. Depois de muita angústia e de se questionar muito, decidiu fazer um aborto. O feto em desenvolvimento sentiu-se emocionalmente congelado por essa decisão, como um condenado. O aborto já ia começar quando a mãe mudou de idéia. Foi uma decisão súbita: custasse o que custasse, ia ter o bebê. O feto sentiu um grande alívio, mas não se livrou do "trauma emocional" e da "sensação de isolamento".

Ao regredir, reviveu os nove meses no útero e liberou as emoções negativas. Depois disso, o relacionamento da jovem com a mãe mudou completamente e elas se tornaram muito mais próximas. Além disso, ela vicejou emocionalmente como uma flor na primavera, concentrando-se mais em suas energias femininas em desenvolvimento.

Houve outro caso de uma mulher que regrediu ao útero da mãe nesta vida, a quando era um feto em desenvolvimento. Compreendeu que estava sobrecarregada pelas emoções de medo e ansiedade sexual da mãe. Quando tinha quase 30 anos, esse problema se manifestou em todos os seus músculos e juntas, tornando-a sexualmente tensa e incapaz de relaxar para gozar uma vida sexual harmoniosa. Depois de reviver essa experiência e de liberar suas emoções negativas e as de sua mãe, ela conseguiu se expressar mais abertamente e ter uma vida sexual muito mais harmoniosa.

A relação que temos com o nosso pai e com a nossa mãe nos une fortemente ao pai e à mãe de toda vida: o lado masculino e o lado feminino de Deus. Por isso, ela é da maior importância e afeta todos os aspectos de nossas vidas, incluindo os sistemas do corpo, os meridianos de energia, nossos relacionamentos e nossa maneira de pensar, de rir, de rezar e de amar. Precisamos redescobrir a melhor maneira de dar e receber, pois os dois processos têm a mesma importância. Quando aprendemos a compreender e, talvez, a perdoar nossos pais nesta vida, começamos a nos expressar de maneira muito mais humana e amorosa, dissolvendo naturalmente todas as barreiras da discordância.

5. Hipersensibilidade ou "amortecimento" dos órgãos sexuais

Partes do corpo excepcionalmente hipersensíveis, estranhamente amortecidas ou que reagem de modo desagradável ao toque, indicam que uma determinada área ou órgão guarda muitas condições cármicas não-resolvidas no padrão psicogenético, afetando o corpo inteiro. O trauma emocional não-resolvido da vida presente ou passada fica preso no interior dos tecidos ou do sistema muscular. Isso pode ser tratado através da massagem reichiana ou biodinâmica (ver Glossário), que ajuda a trazer à tona alguns traumas emocionais profundamente esquecidos.

O dr. Wilhelm Reich, que viveu na primeira metade do século XIX, passou muitos anos pesquisando os efeitos da repressão sexual sobre quem tem uma dinâmica não-orgástica. O dr. Reich descobriu que o trauma sexual faz com que se desenvolva uma couraça muscular que impede o livre fluxo de energia psíquica, que permitiria um estado orgástico, receptivo e natural. Descobriu também que a sobrecarga de emoções não-resolvidas no corpo tende a se localizar principalmente na área pélvica ou genital, provocando sensações de "amortecimento" ou de "hipersensibilidade". Essa pesquisa o levou para as áreas biofísicas e emocionais do desequilíbrio sexual. Reich usou várias técnicas respiratórias e de excitação da retina com luz, assim como equipamentos médicos especialmente projetados, como os "acumuladores de orgone".

A energia orgônica é energia cósmica primordial que pode ser visualmente demonstrada por meio de um contador Geiger. Com a invenção do acumulador de energia orgônica, essa energia passou a ser utilizável. A energia orgônica física concentrada num acumulador de orgone aumenta a resistência bioenergética natural do organismo contra as doenças. Reich conseguiu ajudar os outros com esses métodos revolucionários para sua época, apesar de não chegar às dimensões psíquicas sutis de seu pacientes, ligadas ao carma passado e atual. Através de seus escritos e pesquisas, ele elevou o nível de consciência do início do século XX, oferecendo a seus contemporâneos maiores oportunidades de superar os resíduos da sexualidade vitoriana herdada dos pais, o que lhes possibilitaria uma vida mais orgástica.

A hipersensibilidade ou a sensação de amortecimento nos órgãos sexuais eram sem dúvida tratadas indiretamente pelo dr. Reich através dos sistemas muscular e vegetativo. Ele provavelmente seria acusado de imoralidade se procedesse de outra maneira. Sua principal preocupação era liberar as energias aprisionadas no corpo que estivessem bloqueando o funcionamento orgástico. Ele revelava, assim, emoções da vida atual, ligadas a essas energias aprisionadas. As lembranças de vidas passadas aprisionadas no corpo não estão no âmbito de suas pesquisas publicadas.

Na Psicorregressão, é possível viajar para dentro, diretamente aos órgãos reprodutores, para a fonte do trauma sexual, sem que o paciente sinta qualquer relutância ou timidez, pois todo o processo é uma experiência interior.

Uma mulher com hipersensibilidade no clitóris viajou para essa área e se viu na África, numa encarnação recente. Prestes a passar por uma clitoridectomia, ela liberou "raiva", "ressentimento" e "dor física e emocional relacionada com a experiência". A área foi inundada pela energia da luz divina e depois tratada pelos anjos. A hipersensibilidade diminuiu muito e ela conseguiu ter sensações eróticas mais agradáveis.

Um homem sofria de supersensibilidade no pênis e de ejaculação precoce. Ele regrediu a outra vida, quando foi torturado e teve os genitais removidos. Liberou emoções negativas de "raiva", "angústia", "dor física e emocional", e várias ligações passadas com magia negra, incluindo "uma maldição de amor". Depois de reequilibrar a área com energia de luz divina, os órgãos psíquicos dessa encarnação foram trazidos de volta e purificados pelos anjos. Ele precisou também liberar outras emoções ligadas a experiências da vida atual, como "medo do fracasso" e "medo do amor". Depois disso, a supersensibilidade diminuiu gradualmente e ele conseguiu ter uma vida sexual mais gratificante.

Uma mulher com a área pélvica emocionalmente "morta" tinha dificuldade para ter orgasmo e para engravidar, tendo passado por dois abortos espontâneos. Durante a regressão, voltou a uma vida na época que se seguiu ao descobrimento da América. Era uma jovem índia de 13 anos que se apaixonou por um rapaz branco, com quem teve relações sexuais. Seu comportamento contrariou muito a tribo. Na verdade, naquela época, o sexo entre uma índia virgem e um homem branco era tabu. Por isso, ela foi morta ritualmente. Foi amarrada a uma roda, tendo os órgãos de reprodução e o resto do corpo rasgados ao meio.

Durante essa sessão, ela liberou muitas emoções negativas associadas a essa experiência. Os anjos tiveram que realizar uma ampla cirurgia psíquica, reconstruindo o útero e a vagina psíquicos daquela vida, além de curar todos os órgãos internos, os tecidos e os ossos. Depois dessa sessão, conseguiu ter uma vida sexual muito melhor e chegou a levar uma gravidez até o fim.

6. O complexo de Don Juan

Alguns acham que estão vivendo o máximo da liberdade sexual quando conseguem manter vários relacionamentos sexuais ao mesmo tempo, vangloriando-se de suas conquistas. Isso parece ser mais comum entre os homens do que entre as mulheres, pois os homens geralmente são mais francos em relação ao que consideram conquistas. É mais incomum uma mulher alardear que está se relacionando sexualmente com vários homens num período curto de tempo. Quando alguém tem esse tipo de atitude, minha primeira pergunta é: "Qual é o problema e o que essa pessoa está tentando provar?" Certamente, falta alguma coisa para alguém que acha necessário ter vários encontros sexuais breves, pois a qualidade, e não a quantidade, é uma das considerações essenciais.

Geralmente o indivíduo está às voltas com emoções não-resolvidas muito cruas, como "medo de ser ferido", "desejo de dominar e controlar", "ódio por si mesmo ou pelos outros". Pode também haver um ferimento profundo, proveniente de traumas sexuais e emocionais em vidas passadas e presentes.

Em algumas partes do mundo é permitido que os homens tenham mais do que uma esposa (poligamia). Nesses casos, eles podem tirar vantagem de sua situação cultural, casando-se com quantas mulheres a sua conta bancária permitir. Dizem que, em algumas tribos distantes na África, é permitido que as mulheres tenham mais do que um marido (poliandria). Mas isso está quase sempre associado à falta de mulheres. As mulheres que se casam numa cultura poligâmica são condicionadas, desde cedo, a aceitar a situação. Geralmente, elas não têm a oportunidade de experimentar a diferença entre o relacionamento poligâmico e a intensidade emocional e espiritual das energias compartilhadas num relacionamento monogâmico.

Na África, houve o caso de um dom-juan casado duas vezes. Suas duas esposas odiavam uma à outra e moravam em casas separadas. O dom-juan dividia seu tempo entre as duas casas. A primeira mulher se sentiu muito mal-amada, pois nunca acreditara que ele se casaria outra vez. Emagreceu muito por causa disso. Quando o dom-juan casou de novo, a segunda mulher ficou com muito ciúme da primeira, insatisfeita por ser a "segunda esposa". Foi consultar o feiticeiro local e fez trabalhos de magia negra contra a primeira mulher, com a intenção de perturbar-lhe a vida e causar confusão em sua casa. O marido ignorava isso tudo, sem chegar a compreender as conseqüências de suas ações. E vivia totalmente inconsciente dos problemas que provocava.

Durante a regressão, a primeira esposa liberou muitas emoções negativas ligadas ao seu estado de perturbação, incluindo "magia negra" e "maldições" que tinham sido lançadas sobre ela pelo feiticeiro. Liberou também "anseio por amor", "sentimentos de rejeição" e "desejo de poder". E teve a sabedoria de perceber que tinha atraído essa situação para si mesma nesta vida para se tornar capaz de unir amor incondicional e sabedoria. Ao mudar de atitude, ela se tornou uma pessoa mais forte, capaz de ver a vida e seu relacionamento com olhos totalmente diferentes. O relacionamento não terminou com um "felizes para sempre", mas, sem dúvida, ela vai descobrir o que é melhor para si mesma se continuar em seu processo de desenvolvimento. Essa mulher conseguiu criar uma base positiva a partir de uma situação cultural muito confusa.

Acho que o marido (o dom-juan) nunca se deu conta de que precisava fazer alguma coisa para modificar sua vida ou a de alguma outra pessoa. Afinal, nunca tinha sentido a fusão de mente, emoções e corpo que ocorre entre dois seres humanos profundamente apaixonados. Talvez ele consiga superar tudo isso em outra encarnação, num outro ambiente cultural. Só uma alma muito incomum compreende as emoções complexas, os sentimentos arraigados e as reações viscerais que estão muito além do que é considerado uma norma social ou cultural.

Houve o caso de um jovem iugoslavo que estava profundamente apaixonado por si mesmo e que ficava se contemplando no espelho sempre que tinha uma oportunidade. Amava também as mulheres e tinha muitos relacionamentos sexuais breves, descompromissados, sem nenhum envolvimento real. Ele voltou no tempo, através da terapia de regressão, até uma outra vida, onde tinha servido como eunuco (homem castrado) num harém. Numa encarnação anterior a essa, tinha sido uma jovem inca que teve o coração ritualmente arrancado para acalmar os deuses. Liberou muitas emoções negativas ao reviver essas duas encarnações, ficando internamente consciente de que seu coração e seus genitais psíquicos estavam faltando em seus corpos áuricos.

Depois de liberar as condições psíquicas e emoções negativas das duas áreas, os anjos realizaram uma cirurgia psíquica nos órgãos, purificando-os e integrando-os aos órgãos físicos do presente. Algumas semanas depois da terapia, ele já estava muito mais calmo, mais seguro e muito menos obsessivo, compreendendo que não precisava provar nada para ninguém, e muito menos para si mesmo.

7. Complexo de superioridade sexual

Há quem se considere "religioso" (achando que tem uma noção precisa sobre o significado da palavra) e que se abstenha de qualquer tipo de envolvimento sexual. Esse tipo de pessoa não é sexualmente indiferente, mas acha que é um ser superior que, por isso, não precisa de sexo. Não estou me referindo aos raros e genuínos celibatários que realmente não pensam em sexo, mas àqueles que acham que estão além daquilo que consideram uma forma baixa de atividade física. Sua atitude pode ser muito mais sutil do que descrevi aqui, mas o resultado é o mesmo: nenhum sexo!

Devido a preconceitos e condicionamentos religiosos, essas pessoas acham que, se espalharem sua semente, vão ficar subitamente mais fracas e destituídas de energia. Elas não sabem, por experiência própria, que o sexo que ocorre num contexto de amor rejuvenesce os corpos físico, emocional, mental e espiritual.

Muitos jovens passam por fases em que têm a fantasia de serem iogues ou santos, impondo-se, muitas vezes, um longo período de celibato. Mas essa fase passa quando a sexualidade começa a consumi-los: vão ficando fisicamente e espiritualmente menos rígidos e mais flexíveis. As mulheres tendem a ser mais decididas quando seguem esse caminho da abstinência sexual, canalizando suas energias sexuais para uma forma sublimada de ambição ou imaginando que são "excepcionalmente espirituais". Como diz Ogden Nash em seu poema "The Seven Spiritual Ages of Mrs Marmaduke Moore":

porque quando uma mulher vai mal de sexo,
só Deus sabe que Deus virá depois.

Já conheci alguns homens que pensam que são Jesus Cristo e algumas mulheres que acham que são a Virgem Maria ou Maria Madalena. Mas nunca conheci algum Buda ou Maomé e, até agora, ninguém me disse ser uma reencarnação de Judas ou de Hitler. Quando alguém sofre de superioridade sexual, acha que é importante, diferente e distanciado dos outros mortais. Quem tem esse tipo de ilusão geralmente volta, durante a regressão, a vidas de restrição sexual, como monges, freiras ou como alguém isolado, de alguma forma, da dinâmica do amor humano. Quando há uma seqüência de encarnações recentes desse tipo, então a pessoa precisa revivê-las para compreender por que impôs um padrão tão rígido a si mesma.

Havia um francês que, quando adolescente, achava que precisava viver de maneira desconfortável, comer pouco, nunca desfrutar de uma be-

bida ocasional ou de algum tipo de atividade sexual. Sentia-se culpado quando comprava alguma roupa nova e achava que não podia ter nada de valor. Essa consciência de pobreza vinha de lembranças profundamente arraigadas ligadas a experiências de outras vidas, quando tinha sido monge, iogue e andarilho asceta. Teve uma infância difícil nesta vida, o que não o ajudou a alterar esse padrão. Tornou-se um recluso, aderindo à magia cerimonial e, depois, ao ocultismo para compensar a falta de relacionamentos sexuais ou emocionais. Não procurou descobrir por que sua vida não florescia emocionalmente e nem mesmo parou para pensar por que atraía tão poucos relacionamentos amorosos. Com o passar dos anos, canalizou toda a sua energia sexual e emocional para a magia e para o ocultismo.

Nessa época, não tinha consciência de que, quando alguém amplia o lado positivo de sua natureza, o lado oposto (negativo) também vem à luz. Em conseqüência de sua ingenuidade, todas as suas frustrações, carências e anseios emocionais também vieram à superfície. Ele achou muito difícil lidar com tudo isso, pois não tinha levado a sério o aspecto da purificação e agora pousava em água fervendo. O poder que evocava constantemente acabou por vir à tona, com seus aspectos positivo e negativo. Como São Jorge, seu dragão estava pronto para uma boa luta, mas o francês não tinha experiência com a espada (a vontade interior) para enfrentar a energia que tinha invocado.

Quando alguém evoca ou exerce poder às custas do coração, das emoções e dos sentimentos, há sempre problemas. O dragão não se vai com o rabo entre as pernas: ele destrói o seu oponente.

Não se pode brincar com aquilo que Jung chamou de Sombra. A honestidade total diante do que está acontecendo é essencial se quisermos viver o bastante para descobrir quem realmente somos.

A sexualidade é uma parte muito importante do nosso desenvolvimento interior, pois é uma expressão íntima de nós mesmos. A maioria de nós já passou por experiências surpreendentes localizadas na área do carma sexual. Se conseguíssemos ver todos os tipos de envolvimentos sexuais que tivemos em outras encarnações, provavelmente os rejeitaríamos imediatamente. É por isso que o passado cármico precisa ser revelado lentamente, para que seja possível assimilar, uma a uma, cada peça do quebra-cabeça cósmico.

8
Descobertas psíquicas

Com o tempo, fiz muitas descobertas psíquicas fascinantes durante o processo de cura e de várias formas de terapia de regressão. Quando o terapeuta é receptivo e aberto a novas informações, diversos tipos de coisas vêm naturalmente à luz.

Há uns dez anos, veio à tona muito material incomum e comecei a me perguntar o que mais poderia ser revelado. Anos depois continuo a me fazer a mesma pergunta, e informações extraordinárias continuam a vir à tona, talvez para me ensinar que sempre podemos aprender mais.

Regressão substituta

Foi maravilhoso descobrir que as energias negativas podem ser liberadas através de outra pessoa: um parente ou amigo próximo, com um profundo conhecimento das necessidades da pessoa afetada. Por exemplo: uma mãe pode ajudar seu bebê; alguém que esteja doente demais para passar por uma regressão pode receber a ajuda de um parente ou amigo.

A regressão substituta também pode ser realizada com sucesso por alguém que agiu mal em vidas passadas e quer corrigir suas más ações na vida presente. Por exemplo: quando alguém tem poder para amaldiçoar ou lançar um encantamento sobre os outros, tem também o poder de liberar a pessoa atingida *da* fonte estática de energia negativa. Os efeitos de ações passadas (ocorridas há milhares de anos, quando a pessoa estava cheia de ódio, de vingança, de ciúme ou de alguma outra emoção negativa) podem ser anulados. É bom saber que é possível romper barreiras feitas pelo homem e neutralizar efeitos cármicos nocivos, gerados por ações passadas, realizadas com intenção negativa.

Uma dinamarquesa não conseguia se relacionar profundamente com seu marido. Ele parecia suspeitar sempre dos motivos dela, o que os deixava frustrados e descontentes com o relacionamento. Durante a regressão, a mulher voltou à França do século XIII, quando era casada com um rico latifundiário. Ela não gostava da personalidade dominante do marido. Apaixonou-se por um jovem criado, que trabalhava na propriedade. A empatia foi imediata e eles começaram a se encontrar secretamente. Dentro de pouco tempo, estavam tendo um romance. Mas outro criado descobriu tudo e contou para o seu senhor. O jovem amante foi assassinado pelo marido raivoso e ciumento, cujo ego havia sido profundamente ferido por toda a situação. A mulher sentiu muita dor e muita raiva pelo fato de seu marido ter agido tão cruelmente e com tamanho sentimento de vingança.

À medida que os meses passavam a raiva ia crescendo, até se transformar em ódio profundo. Um ano depois, o marido ficou doente, como se tivesse absorvido a fúria dela, e morreu de um ataque do coração. No dia em que ele morreu, ela ficou ao lado do túmulo, agradecendo ao destino por ter provocado a morte dele e amaldiçoando o túmulo com seu ódio veemente. Amaldiçoou o espírito dele, dizendo que, onde estivesse, jamais teria descanso ou amor, por toda a eternidade.

Por causa da culpa arraigada, gerada pela sua ação criminosa, o espírito dele foi profundamente afetado pela maldição, ficando aprisionado entre o mundo dos vivos e o dos mortos. Ele era incapaz de ir para a frente ou para trás, pois ficou trancado nessa determinada zona do tempo. Seu eu fantasmal ficou perto do túmulo por 700 anos, até ser finalmente liberado (durante a sessão de Psicoregressão) pela mesma mulher que o tinha amaldiçoado. Durante a regressão, ela compreendeu que o mesmo homem era o seu marido na vida presente. Tinham se casado novamente por causa daquela vida não-resolvida no século XIII. Não é de se surpreender que ele suspeitasse dela e que houvesse tanta tensão no relacionamento atual. Afinal, ela o havia amaldiçoado com veemência. Quando ela voltou para o lado do túmulo durante a regressão e compreendeu que tinha aprisionado parte do espírito dele através de seu ódio, pediu aos anjos que a ajudassem a liberar as maldições, permitindo que a parte aprisionada do espírito do marido voltasse ao corpo atual.

Ela sabia internamente que a maldição seria liberada, durante a regressão, através de sua intenção positiva. Sabia também, sem sombra de dúvida, que os anjos transformariam a energia negativa, liberando assim a maldição. Feito isso, os anjos puderam liberar o espírito aprisionado, permitindo que ele se reintegrasse no marido na vida presente. Depois da regressão, ela não correu para casa para contar o que havia acontecido. Decidiu esperar, observar e ver o que acontecia. Algumas semanas depois, o marido já estava bem mais relaxado e à vontade consigo mesmo e com ela. Parecia estar muito mais "no seu corpo" e muito menos distante.

Liberação de almas aprisionadas ligadas a um passado escuro

Houve o caso incomum de uma espanhola que regrediu à Atlântida, onde trabalhava num templo como sacerdotisa de artes negras. Com suas práticas satânicas, aprisionou deliberadamente milhares de almas: prendeu-as em cristais, o que lhe permitia sugar-lhes as energias sempre que quisesse. Ao fazer terapia, ela sentiu que uma energia estática a envolvia como uma nuvem negra, inibindo sua criatividade e impedindo-a de encontrar um companheiro adequado. Havia muitos problemas emocionais a serem resolvidos, mas a vida na Atlântida veio à tona como uma prioridade. Algumas de suas maiores fraquezas eram "desejo de poder, desejo de controlar e ambição". Depois de compreender e liberar as emoções ligadas a essa vida, além dos motivos que estavam por detrás de suas ações, ela se sentiu muito mais leve, apesar de saber internamente que a sessão não estava completa. Seu corpo foi reequilibrado com energias divinas e ligado aos anjos. Só então ela se sentiu preparada para liberar todas as almas que tinham sido aprisionadas nos seus cristais há milhares de anos.

Ela havia criado essa situação terrível com suas ações do passado e sabia que só ela poderia resolvê-la, com orientação divina. Através do poder de Deus e dos anjos, os cristais já petrificados pelo tempo, se abriram e as almas foram liberadas para voltar às pessoas, estivessem elas vivas ou mortas.

Uma situação atual é um exemplo das possibilidades totalmente diferentes da regressão substituta. Uma inglesa, grávida há dois meses, estava muito nervosa diante da perspectiva de um novo parto, pois o parto de seu primeiro filho tinha sido demorado e doloroso. Durante a Psicorregressão, ela voltou a outra vida, quando estava grávida e fora esmagada por uma pedra. Liberou também vários danos psíquicos, incluindo ferimentos de lança e faca nos órgãos sexuais. Depois da terapia, seu segundo parto foi muito diferente e muito mais suave. Durante o tratamento, a mãe entrou em sintonia com a consciência do embrião. Descobriu que era mulher e que estava com o coração partido por ter cometido suicídio na vida anterior. Depois dessa descoberta, a mãe decidiu fazer uma regressão substituta pela criança que ainda não tinha nascido. Através da visualização dirigida, da ajuda dos anjos e do amor da mãe, o coração partido foi curado e fortalecido, permitindo que a criança começasse a vida sentindo-se muito mais feliz.

Limpeza do sangue

Há muitos anos, quando estava no Quênia, conheci um curandeiro chamado Kuzungu. Ele costumava dizer que, qualquer que fosse a doença, o sangue sempre precisava ser tratado. Muitos anos depois, quando estava na Índia, conheci um mestre espiritual, Sua Santidade o Shri Ram Chandra, que dizia que, qualquer que fosse o problema, o fígado sempre devia ser purificado. Sei que os dois estavam certos pois o sangue e o fígado são uma coisa só: o fígado é um armazém para as substâncias positivas do sistema circulatório. As toxinas da corrente sangüínea passam por ele, podendo provocar danos e destruição no fígado e em todo o organismo.

O sangue tem importância vital porque é a fonte de vida que reside em todas as partes do corpo, retendo a marca do carma na estrutura celular psíquica. O sangue físico pode ser purificado de maneiras diferentes por meios naturais, como uma boa dieta, ervas e plantas homeopáticas e sais bioquímicos.

Quando alguém teve várias doenças graves ligadas a vidas anteriores recentes, é possível que a marca psicogenética dessas doenças permaneça latente nas células do sangue. Quando as causas emocionais dessas doenças passadas são agravadas por emoções negativas correspondentes ligadas às circunstâncias presentes, padrões semelhantes podem reaparecer.

Uma mulher de Somerset veio me consultar. Sofria de coceira na pele e já tinha tomado vários remédios alopáticos para aliviar os sintomas, que continuavam a se agravar. Tinha também experimentado remédios homeopáticos, que funcionaram por mais tempo. Mas a irritação voltava esporadicamente. Durante a regressão, voltou a uma vida em que era uma jovem leprosa na África. Foi expulsa de sua tribo quando descobriu que tinha a temível doença. A lepra, nessa vida, era um sintoma físico de antigos sentimentos cármicos não-resolvidos, ligados a maus-tratos contra outras pessoas, culpa e falta de auto-estima. A doença física é uma maneira radical de eliminar alguns aspectos do carma negativo. Mas pode ser trabalhada de forma muito mais sutil em outros níveis da consciência e através de palavras, obras e pensamentos corretos na vida cotidiana.

Durante a regressão, ela conseguiu compreender por que tinha ficado leprosa, liberando, do corpo inteiro, as emoções negativas correspondentes: "culpa", "autonegação", "abuso contra si mesma e contra os outros" e "ódio". Depois de liberar essas emoções do coração e da pele de todo o seu corpo, ela descobriu que elas estavam também no sangue, como equivalente etérico da lepra na aura. Com a ajuda das energias divinas, do seu Eu Superior e dos anjos, e com o uso de sons sagrados e chocalhos, toda essa energia negativa, que ela via como uma cor marrom escura, deixou o sangue, aflorando à superfície do corpo físico. Quando essa energia se juntou na superfície da pele, ela visualizou toda a estrutura de sua pele psíquica se abrindo no corpo e na aura. Os anjos então foram chamados para liberar suavemente as energias negativas do sangue. O sangue e o corpo ficaram cheios de energia divina e a paciente se uniu a seu Anjo da Guarda antes de limpar, reequilibrar e fechar a aura.

Depois disso, as emoções negativas foram liberadas do corpo, o sangue foi fisicamente purificado e a pele tratada. Alguns meses depois, ela já estava visivelmente mais leve e se sentindo muito menos sobrecarregada, agora que o "ódio" e a "autonegação" tinham sido liberados. Sua saúde física também melhorou radicalmente.

Houve o caso de um alemão que sempre deixava tudo para depois. Era também preguiçoso e apático, adiando sempre o que achava que podia fazer no dia seguinte, ou no outro. Tinha também um sistema físico lerdo, incluindo a circulação. Quando decidiu descobrir a causa de tudo isso através da Psicorregressão, ele voltou a uma vida no século V, quando era senador em Roma e um dos confidentes do césar. Era muito ambicioso e fazia de tudo para conquistar cada vez mais popularidade e notoriedade. Durante esse breve período de popularidade, teve um caso com a mulher do césar, algo perigoso e inimaginável. Infelizmente, esse ato arrogante e insensato o levou a águas muito profundas e ele foi descoberto. Foi a sua ruína: seria publicamente humilhado e morto. Decidiu que seria melhor tirar a própria vida do que ser humilhado. Assim, ele se envenenou com cicuta, morrendo depois de uma lenta agonia. Durante a regressão, ele liberou "arrogância", "orgulho", "desejo de poder", "medo da humilhação" e descobriu que havia um veneno psíquico no seu sangue, além de um "espírito suicida" e um "demônio da autodestruição". Depois que todas essas influências negativas foram liberadas do sangue e do corpo, sua circulação melhorou, fazendo com que ele se sentisse com muito mais energia e vitalidade. Pareceu reviver, começando a pôr em prática planos positivos em sua vida cotidiana. Surpreendeu também os amigos, ao deixar de protelar.

Não é incomum haver uma certa quantidade de resíduos cármicos no sangue. Mas essa quantidade pode aumentar depois de uma transfusão. Nesse caso, o sangue deve ser fisicamente purificado por meios naturais. Quando alguém recebe sangue, é comum que o doador esteja pagando uma dívida cármica ligada a outra vida. Para quem acredita que os acidentes não existem, isso não parece nada extraordinário: parece bastante lógico. Quando o sangue de alguém foi derramado através da violência no passado, o agressor pode ter a oportunidade de, literalmente, devolvê-lo. Essa forma de justiça divina pode ocorrer em níveis físicos, como no caso de transplantes de órgãos e transfusões de sangue. Mas a balança cármica pode ser equilibrada de maneira mais sutil, nos níveis mental, emocional e espiritual, dependendo das necessidades do momento.

Quando a pessoa que sofreu um acidente e recebeu uma transfusão de sangue tem alguma fraqueza emocional ou psíquica particularmente acentuada, então as energias psíquicas da essência daquele sangue podem dominar a personalidade, mesmo que por algumas poucas horas. O sangue é força vital e tem sido usado em magia desde o início da história. Assim, não é de se admirar que seja um fator poderoso, principalmente quando é introduzido no corpo de outro ser humano. É provavelmente por isso que algumas religiões proíbem as transfusões de sangue. Mas eu nunca ouvi um argumento convincente a respeito da exata natureza dessa proibição, especialmente do ponto de vista psíquico e espiritual. Acho que é preciso aceitar o que é oferecido numa situação de crise e agradecer por isso. Quando alguém recebe sangue de outra pessoa, esse sangue sempre pode ser purificado através de um dos métodos naturais já mencionados. É bom também fazer uma pequena prece de agradecimento pela ajuda recebida, pedindo internamente ao Anjo da Guarda ajuda e força durante o processo de cura.

Diminuir obstruções e preencher o vazio

Quando estive nas Filipinas, assisti a mais de cem cirurgias psíquicas para a remoção de cistos e tumores. Vi também várias operações psíquicas no Brasil e na Tailândia. Aprendi a assistir a uma operação sem ficar impressionada com a quantidade de sangue. Conheci cirurgiões psíquicos genuínos e alguns charlatães, como em todos os caminhos da vida. Os charlatães desempenham um papel válido mesmo quando não conseguem remover a obstrução, pois às vezes o doente fica "curado" através do efeito placebo provocado pela visão do sangue durante a "operação". Os verdadeiros cirurgiões conseguem remover tecido físico do corpo, para o alívio de pacientes ansiosos.

Eu tinha uma única pergunta a fazer a todos esses agentes de cura e cirurgiões em minhas visitas a esses lugares, depois de passar horas vendo-os trabalhar. Eu queria saber como lidavam com as condições psíquicas, emocionais e mentais que tinham provocado a obstrução. Alguns dos cirurgiões nem tentavam responder, pois simplesmente não sabiam. Fiz essa pergunta à conhecida cirurgiã psíquica Josephine Sisson, e ela também não sabia a resposta. Mas ela se interessou muito pela idéia de liberar as emoções cármicas negativas associadas ao cisto ou tumor e queria pesquisar mais profundamente o assunto, mas não viveu o bastante para isso.

O cirurgião psíquico Virgílio Gutierrez acreditava que abrir o corpo é um procedimento para os que não têm fé, e dizia que é possível fazer a obstrução diminuir sem romper a pele. Além disso, ele entrava em sintonia com as emoções negativas associadas ao problema e conseguia dar ajuda emocional ao paciente por algum tempo. Uma mulher que foi operada na área do intestino por Virgílio sentiu-se muito melhor, mas depois de uns três meses seu problema voltou. Alguns meses depois, a mulher fez Psicorregressão e descobriu que ainda havia muitas emoções negativas a serem liberadas. Descobriu, também, danos psíquicos nessa área, inclusive um ferimento de punhal e a ponta de uma flecha. Por isso, o problema tinha voltado. Parece que é preciso participar ativamente do próprio processo de cura, sem esperar passivamente que alguém faça tudo o que é necessário.

O cirurgião psíquico, exorcista e agente de cura David Oligane sabia que as energias negativas podem assumir forma de bruxas, de espíritos inferiores ou de demônios que precisam ser removidos do corpo do paciente para efetuar a cura. Em muitos anos de prática como agente de cura, exorcista e cirurgião, ele ajudou muitas pessoas. Mas surge a mesma pergunta: quando a bruxa, demônio ou diabo sai do corpo do paciente, não é preciso liberar as emoções negativas que atraíram esses seres e deram início ao problema? David não disse nada sobre isso, mas as emoções negativas originais que agem como um imã, atraindo a influência possessora, precisam ser transmutadas. Isso parece ser o ponto cego mais importante de todos os cirurgiões psíquicos que conheci no Extremo Oriente.

Através desse tipo de trabalho, é possível mudar gradualmente o padrão atômico da matéria física e fazer com que a parte afetada do corpo volte à sua vibração natural. Mesmo assim, a pessoa ainda precisa trabalhar muito consigo mesma, no nível emocional, mental e físico. Os pacientes que recebem tratamento para obstruções sabem internamente que essas obstruções estão diminuindo, através da liberação de energias negativas. Mas ainda não temos radiografias de antes e de depois do tratamento para provar esse fato. Espero viver o suficiente para ver mais pesquisas nessa área, para provar cientificamente esse ponto de importância tão vital.

Um conhecido cirurgião psíquico do Brasil, Odilon da Silva, faz radiografias antes e depois do tratamento. Eu estava presente quando um cirurgião ortodoxo dos EUA viu as radiografias de um tumor, antes e depois da cirurgia psíquica. O cirurgião ficou profundamente chocado, sem conseguir compreender a situação através do intelecto. Sua confusão aumentou quando assistiu a outras operações e viu que os tumores desmanchavam sob o toque do cirurgião. O trabalho desse cirurgião psíquico tinha resultados físicos surpreendentes mas, como os outros, ele não tinha consciência do que acontecia às causas principais da doença ou da eficácia do tratamento dado às condições cármicas.

Quando as obstruções são eliminadas, os vazios precisam ser preenchidos, pois a natureza tem horror ao vácuo. Há muitos tipos de condições psíquicas ligadas a buracos e vácuos.

Uma mulher fez histerectomia e passou a ter uma sensação aguda de vazio, além de choque emocional na área do útero. Durante a regressão, ela descobriu que o motivo para a remoção do útero nesta vida estava ligado ao abuso de poder em outras encarnações. Ela liberou "choque emocional", "desespero" e várias emoções fortes que tinham causado a remoção física. Depois de limpar o vácuo do carma negativo, os quatro arcanjos e o Anjo da Guarda refizeram um útero psíquico, enchendo-o de luz e energia e fazendo a mulher entrar em contato com o anjo que cuidava da área do útero. Ela se sentiu muito mais calma depois do tratamento e escreveu uma carta, algumas semanas depois, dizendo que estava muito satisfeita com o útero psíquico reequilibrado. O útero é o cálice das energias femininas. Por isso, é importante que esteja em paz e bem equilibrado, mesmo que o útero físico não esteja presente. Quando o útero é harmonioso, a mulher geralmente é criativa e cheia de energia.

Uma finlandesa queria muito ter um filho. Esse desejo foi ficando tão intenso que se transformou num vácuo de energia frustrada voltada sobre si mesma na área do útero. Isso era acentuado pelo fato de seu marido ser estéril e avesso à idéia da inseminação artificial. Ela decidiu liberar esse intenso sentimento de vazio de seu útero fazendo Psicorregressão.

Durante a sessão, ela descobriu que tinha conhecido o marido em outra vida, quando ambos maltratavam seus filhos e levavam uma vida muito egocêntrica, desinteressados dos sofrimentos dos outros. Durante a sessão, ela liberou muitas emoções negativas ligadas a seu egoísmo passado, abandonando a mágoa profundamente enterrada no seu útero. Essa área começou a se reenergizar gradualmente, transformando-se num centro dinâmico de energia. O relacionamento do casal foi se modificando e eles ficaram muito mais amorosos um com o outro e com o mundo à volta deles. Eles não trouxeram de repente um bebê ao mundo. Mas, através de sua mudança de atitude, conse-

guiram modificar o curso do carma passado e passaram a ser muito mais felizes.

Havia um rapaz cheio de vida e energia. Mas parecia nunca "ver" coisa alguma: quando olhava para as pessoas ele não as via de verdade. Quando iniciou a terapia, havia dois buracos psíquicos no lugar dos olhos. Durante a regressão, ele descobriu que teve os olhos arrancados em outra vida. Assim, apesar de seus olhos físicos serem perfeitos, eram estranhamente insensíveis ao mundo à sua volta, fazendo-o agir como um cego. Isso era claramente um dano psíquico que se manifestava como dois buracos brancos. Os anjos realizaram uma cirurgia psíquica nos olhos do rapaz, trazendo-os de volta da outra vida antes de terem sido arrancados. Eles reconstruíram e limparam psiquicamente os olhos, permitindo que, paulatinamente, se integrassem aos olhos físicos. Depois disso, os anjos colocaram uma substância espiritual nos olhos do rapaz para dar-lhe uma visão mais ampla e mais profunda.

O despertar da consciência psíquica

Muitos têm a fantasia de serem médiuns, sem levar em consideração todos os fatores envolvidos. Um homem me disse o quanto queria ser vidente, imaginando que veria apenas anjos, fadas, auras coloridas e halos angelicais. Não considerou, nem por um momento, que veria também o reverso disso tudo, caso se transformasse num verdadeiro médium. Discutimos esse ponto e ele mudou rapidamente de idéia, recuando à simples idéia de se tornar médium.

Conheci uma mulher, a única no Brasil, capaz de materializar tanto os aspectos positivos quanto os negativos da natureza de uma pessoa. As duas coisas são perigosas, mesmo no caso de alguém com o ego moderadamente forte. Enxergar apenas os aspectos positivos de vidas passadas seria mentalmente e emocionalmente perturbador, provocando mania de grandeza e complexos messiânicos! Enxergar apenas o passado negativo poderia provocar terror ou profundo remorso, pois é difícil resistir à tendência de julgar ações passadas dentro do contexto da consciência atual.

A mediunidade pode ser uma carga terrível sem a purificação e o estado de consciência compatíveis. Conheci um psiquiatra da França que tinha grande capacidade mediúnica. Para ele, ver espíritos era parte do dia-a-dia.

Mas ele não compreendia direito o que via e por que via. Apesar de ter a clarividência muito acentuada, o chakra do coração estava fechado. Isso significava que ele não tinha a capacidade de compreender internamente o que estava vendo e não sabia o que podia fazer para ajudar os espíritos à sua volta ou a si mesmo. Alguns videntes podem ser perigosos se não tiverem o chakra do coração aberto. Sem saber, eles podem dar informações erradas sobre alguém, o que é muito prejudicial.

Muitas vezes a clarividência está associada ao desenvolvimento espiritual, mas nem sempre isso é verdade. Drogas pesadas e grande quantidade de álcool podem levar à clarividência. A um preço muito alto, é claro. Há casos de pessoas que se tornaram videntes depois de acidentes ou depois de alguma doença muito grave. Mas isso não significa que ficaram subitamente mais espiritualizadas.

Abrir o terceiro olho não resulta necessariamente em clarividência visual, pois há diferentes tipos de clarividência, adequados a diferentes tipos de pessoas. É claro que há a clarividência que "vê", que faz com que o vidente veja auras e seres positivos e negativos. Não é comum o vidente ter visão multidimensional: ver dentro, acima, dos lados e embaixo de um objeto, além de enxergar as energias das plantas, das árvores e dos seres humanos, além de ver espíritos e de compreender exatamente por que estão ali. Esse tipo de vidência é único. Geralmente a visão é colorida pelas tendências pessoais do vidente, pois nem sempre ele passa por um processo de purificação espiritual antes de realizar esse trabalho. Assim, há sempre um elemento de perigo na capacidade de perceber a realidade interior da pessoa que se tenta ajudar.

Há a clarividência que "sente", mas a forma mais segura é a que "sabe". Quando alguém "vê", pode ser muito influenciado pela sua percepção pessoal. Quando uma pessoa muito religiosa vê um anjo de asas, pensa logo que é um ser positivo, mas pode ser exatamente o contrário. Até o famoso mago do século XVI, o dr. John Dee, se equivocou ao ver um ser negativo disfarçado de anjo. É realmente mais seguro "saber" do que "ver", a menos que se tenha passado por muita purificação e se conheça a diferença entre visão subjetiva e objetiva.

Os bloqueios à clarividência não ficam, necessariamente, no chakra da testa ou na área do terceiro olho: podem ser encontrados em qualquer parte do corpo. Quando alguém quer demais ser vidente, o próprio desejo pode ser um bloqueio. Há emoções que impedem a visão clarividente: "medo do sobrenatural", "medo de encarar a verdade", "desejo de poder" e até mesmo emoções básicas, como "raiva" e "ódio". Há geralmente um carma pessoal muito forte, relacionado com a consciência e a percepção interiores. Todos nós temos potencial para a telepatia e para a clarividência. A condição cármica não-resolvida é que impede que essa energia flua livremente. Quando alguém começa seriamente a enfrentar alguns aspectos do seu carma passado, a clarividência, numa de suas muitas formas, começa a se desenvolver, se for esse o caso para aquela determinada encarnação.

Pouco adianta tentar estimular fisicamente as glândulas pituitárias e pineal (os chakras ligados à visão interior ou aos centros psíquicos do cérebro relacionados com a clarividência) antes que boa parte do carma negativo tenha sido trabalhado e que o chakra do coração tenha sido purificado. Só então é possível começar a compreender o que vemos, com humildade e bondade.

Há vários tipos de tratamentos exóticos que ajudam a despertar a visão clarividente: uma combinação especial de cura pelas pedras preciosas, que aumentam a sensibilidade psíquica, e cromoterapia — sob a orientação de um terapeuta experimentado — que ajuda a estimular os centros psíquicos do corpo, incluindo o terceiro olho.

A água potencializada pela ametista cria a energia vibratória da pedra dentro da água, que pode ser ainda mais energizada pelos raios do sol. Isso ajuda a curar e a estimular as faculdades psíquicas. Mas não se pode ignorar o fato de que todas as emoções negativas que obstruem a consciência precisam ser trabalhadas primeiro.

Mas, sem uma verdadeira compreensão do amor, tudo isso é inútil. Com a liberação de um carma passado negativo, a consciência psíquica é muito ampliada. Todo esse processo pode ser ajudado pelos vários métodos que mencionei.

Interferência extraterrestre

No decorrer de meus 20 anos como terapeuta já me deparei com pessoas, diferentes entre si, afetadas por implantes psíquicos negativos feitos por seres de outros planetas e de outros sistemas solares. Quaisquer informações a respeito de contatos extraterrestres e de discos voadores são ainda mantidas em segredo pelos meios de comunicação. Essas notícias costumam ser liberadas só muitos anos depois. Mas muita pesquisa vem sendo feita e muitos livros têm sido escritos sobre aparições de OVNIs e de alienígenas, sobre abduções, etc.

Muitos já entraram em contato telepático com extraterrestres ou já viram discos voadores e outros objetos em diferentes partes do mundo. Quando são divulgadas pela imprensa, essas informações geralmente são ridicularizadas. Muitos órgãos oficiais dos EUA, do Reino Unido e da Rússia mantêm controle constante sobre essas aparições, aterrissagens, encontros e abduções. Por exemplo: a hipnoterapeuta e escritora Dolores Cannon trabalha para a MUFON (Mutual UFO Network), ajudando pessoas que passaram por abduções ou comunicações extraterrestres a se aclimatarem.

Muitos pilotos que voam sobre a planície de Nazca, no Peru, disseram que não é incomum ver uma nave espacial. Eles encaram esses incidentes como parte de sua rotina cotidiana. Têm havido muitas aterrissagens nessa área, relatadas com detalhes às Nações Unidas. O sul-americano Sixto Paz alega ter tido muitos "encontros desse tipo". Ele compreende profundamente as razões básicas que levam os extraterrestres a tentar ajudar a humanidade a enfrentar as grandes mudanças que estão acontecendo no planeta. Eles enviam mensagens cifradas através dos *corn circles** e de pessoas sensitivas sintonizadas, capazes de compreender e de assimilar aspectos de sua tecnologia e de seu conhecimento avançado.

Quando estive no Brasil, encontrei dois seres do espaço que tinham nascido em corpos humanos. Assim, podiam compartilhar seu conhecimento e se comunicar livremente sem assustar ninguém com comportamentos estranhos e sem atrair atenção desnecessária por causa de um corpo incomum. Um deles era um mestre espiritual. Passava muito tempo com os extraterrestres aprendendo como expandir o poder do cérebro e como aumentar a capacidade da memória através de exercícios de respiração e alongamento.

Os alienígenas positivos gostariam de nos ajudar a enfrentar alguns de nossos problemas globais. Eles demonstram grande preocupação pelo caos e pela confusão que estão crescendo no nosso planeta, por causa do insensato desejo de autodestruição dos homens. O homem comum pouco sabe sobre alienígenas. Só o que vê na televisão e nas telas do cinema e o pouco que é divulgado pelos jornais. É uma pena, pois os extraterrestres gostariam

* Grandes círculos desenhados nas grandes plantações de fazendas da Inglaterra e de algumas regiões da Europa no fim da década de 80 e início da década de 90 e para os quais ainda não se deu explicação satisfatória.

de manter comunicação com grupos maiores, sem provocar medo e pânico desnecessários.

Abduções e implantes

Infelizmente, há extraterrestres negativos, assim como há pessoas positivas e negativas. Esses seres negativos são os responsáveis por repetidas abduções de seres humanos contra sua vontade consciente, com fins experimentais. Isso deixa seus irmãos positivos em má situação, pois, naturalmente, há confusão a respeito das intenções de todos os visitantes alienígenas vindos do espaço exterior. Parece que os alienígenas positivos e negativos precisam estabelecer alguns critérios antes que seja aconselhável a comunicação pública mais livre com nossos irmãos positivos.

No decorrer dos anos, diferentes tipos de implantes foram liberados através da Psicorregressão. É surpreendente a variedade de implantes existentes. Eles podem ser colocados em qualquer parte do corpo ou da aura, dependendo da informação que o alienígena negativo deseja. Apesar de esses implantes não serem fisicamente sólidos, eles têm sua própria densidade no etérico e no astral. Podem ser interiormente reconhecidos pela pessoa afetada, se ela estiver num estado receptivo de consciência. Vários tipos de substâncias psíquicas ligadas a interferências extraterrestres foram liberados durante a terapia: discos de metal (no corpo e na aura), fios no cérebro, pedras desconhecidas no planeta Terra, poeira metálica e "receptores de rádio" em miniatura, esses eram alguns dos objetos localizados e transmutados com a ajuda do poder dos anjos. O interessante é que os mesmos objetos foram retirados de pessoas de ambos os sexos, de ambientes, culturas e faixa etária muito diferentes. Esses objetos são usados para amplificar ou para retransmitir informações a uma fonte-chave de energia extraterrestre.

Quando eu estava na Grécia, uma mulher veio me procurar dizendo com veemência que não tinha problema algum. Comecei a me perguntar o que viria a seguir. Ela continuou a afirmar que tudo ia muito bem, contanto que não lesse, visse ou ouvisse alguma coisa sobre discos voadores e extraterrestres. Durante as outras sessões de regressão, descobrimos que ela tinha sido abduzida por um grupo de alienígenas interessados na sua sensibilidade psíquica e na sua criatividade fortemente centrada. Eles queriam monitorar suas atividades através de pequenos discos de metal implantados na aura. Esses seres não eram "maus" no tradicional "sentido diabólico do termo", pois não queriam matar, prejudicar ou ferir. Mas faziam pesquisas de seu interesse às custas dos outros.

De acordo com seu código moral, seus motivos eram corretos. Mas, de acordo com os nossos padrões morais, certamente não eram. A mulher tinha ficado aterrorizada com a experiência e, durante a terapia, ela liberou "choque emocional" e "medo muito profundo". Ela precisava saber por que tinha atraído essa invasão não desejada em seu espaço pessoal, descobrindo as profundas feridas do passado que a tinham tornado excepcionalmente aberta e vulnerável à influência alienígena.

Abdução com resultado positivo

Há casos de abduções com resultados positivos.

O ministro religioso brasileiro Hermínio Reis foi abduzido quando ele e sua mulher viajavam à noite por uma estrada. Um grande objeto apareceu de repente no céu e eles ficaram ofuscados pela luminosidade que emanava dele. Não conseguiram identificá-lo naquele momento. De repente, sem aviso, o carro foi atraído magneticamente pela espaçonave. Hermínio deve ter passado muitas horas recebendo ensinamentos, apesar de não ter noção do tempo que levou essa experiência. Ele aprendeu a fazer exercícios respiratórios para estimular partes do cérebro que geralmente ficam adormecidas no ser humano comum. Aprendeu também a ampliar sua consciência psíquica e espiritual. Logo depois dessa experiência, Hermínio fundou um centro de Estudos Transcendentais em São Paulo, Brasil, para que outros pudessem se beneficiar dessa forma única de conhecimento. Esses alienígenas eram compreensivos e prestativos e só queriam ensinar a humanidade a se tornar mais consciente e equilibrada.

As equipes de pesquisa de alienígenas negativos estão interessadas em pessoas incomuns, geralmente com sensibilidade paranormal, o que indicaria um potencial latente ou ativo a ser utilizado. Mas, alguns dos tipos mais negativos de alienígenas estão interessados apenas em dominar, controlando a pessoa como um fantoche e usando-a em benefício próprio, na realização de suas atividades espúrias. Esses "dominadores" podem afetar pessoas de todos os níveis sociais, mas geralmente preferem as mais proeminentes, podendo assim, influenciar sutilmente um número maior de pessoas. Isso só acontece a quem se deixa ser levado de um lado para outro como um barco na tempestade. Para quem está unido ao deus interior, tudo isso é como uma fantasia sem substância e essas energias negativas se dispersam como nuvenzinhas.

Para manter o equilíbrio, é preciso ter um respeito saudável por aquilo que é considerado "fantasia". A interferência negativa extraterrestre não precisa entrar necessariamente na nossa esfera de realidade. Mas acontece, principalmente com pessoas que não estão internamente ligadas a quem e ao que realmente são. Quando o chakra do coração começa a desabrochar como uma flor na primavera, ocorre um despertar interior. Quando se começa a trilhar o caminho do autoconhecimento, a intuição e os instintos mais importantes vão ficando cada vez mais aguçados, possibilitando maior ligação interior com o Anjo da Guarda e com os ajudantes espirituais. Quando começa a ocorrer uma ligação interior, a proteção natural contra essas influências negativas é o resultado inevitável. Mas é preciso visão espiritual para perceber o que é verdadeiro e o que é falso.

Todos nós precisamos estar num estado constante de aprendizado e descoberta. Se esse processo parar, começaremos a envelhecer rapidamente, fixados em nossas idéias e crenças. Não há lugar de repouso para quem realmente busca a realidade interior. O mesmo se aplica ao coração da Psicorregressão. Como ela também se encontra num estado constante de mudança e como eu continuo a me deparar com novas descobertas, então as informações se transformam em parte integrante da terapia. Isso tem que ser revisto interiormente, com a ajuda dos anjos e dos seres divinos que trabalham comigo, em conjunção com o meu conhecimento especializado, conquistado durante muitos anos de pesquisa em dimensões incomuns da cura.

9
Integração de subpersonalidades

Quase todos nós passamos muitas vidas escondidos atrás de uma ou outra máscara, até finalmente começarmos a retirar as que são indesejáveis — sejam elas de vidas passadas ou da vida atual — e que confundem a consciência no momento presente.

Uma francesa com quem conversei durante um seminário, compreendeu de repente, para sua perplexidade, que é através da purificação espiritual que se tira, gradualmente, a máscara ou personalidade. Ela ficou de olhos arregalados, perturbada com a idéia de se livrar de sua personalidade. Ela não conseguia imaginar como sobreviveria sem a sua máscara. A verdade é que não queria se livrar da máscara, continuando apegada a ela até hoje. Talvez queira ficar presa à sua coleção de máscaras por muitas outras encarnações, até se cansar delas e resolver que é hora de abandoná-las, como uma árvore que, alegremente, se livra de suas folhas a cada ano.

A personalidade atual é formada por atrações e repulsas, por ódios e medos, por idéias e fixações que foram se acumulando através dos séculos. As emoções e ideologias dos pais contribuem para moldar a máscara exterior de uma criança em desenvolvimento. Mas o problema começa a vir à tona quando alguém, já adulto, continua a olhar pelos olhos dos pais ou se torna emocionalmente tolhido por causa de uma experiência de infância não-resolvida.

É preciso integrar os aspectos positivos de todas as experiências acumuladas de nossas personalidades presentes e passadas para que tenhamos o prazer de usar o máximo do nosso potencial. Se, em outra vida, fomos um artista, fazendeiro, cientista ou palhaço de circo, não há por que não usar essas habilidades na nossa existência atual, mesmo que as energias se manifestem de maneira diferente na nossa nova personalidade. No Capítulo 10 explico como é possível entrar em contato com os nossos poderes fundamentais. Alguns deles já foram fortemente desenvolvidos através de personalidades anteriores. Mas só é possível realizar isso com segurança depois de um programa completo de purificação. Vamos agora estudar um pouco as camadas mais profundas de nossas personalidades passadas e descobrir como integrá-las para que não provoquem turbulências internas fortes demais para enfrentar.

Convidar todas as suas personalidades passadas para uma festa seria como tentar misturar água e óleo. Muitas das personalidades não se dariam bem porque não têm nada em comum. Algumas ficariam distantes e desinteressadas, outras tentariam impressionar e talvez várias fossem violentas e odiosas. O bom anfitrião reúne, numa festa, convidados que provavelmente se darão bem uns com os outros, e não pessoas hostis, violentas, desonestas ou dispostas a criar confusão entre si. Seria muito difícil para um ladrão fazer amizade com uma princesa sem roubar-lhe as jóias, para uma freira aceitar de coração uma prostituta, para um assassino ouvir o que um mestre espiritual tem a dizer, para um lutador romano conversar amenidades com uma mulher pobre e faminta, para um homem luxurioso e bêbado manter uma conversa inteligente com uma garota tímida. Se essas personalidades se reunissem, a festa seria um desastre. Só um estranho conseguiria ver o lado engraçado disso tudo, e mesmo esse estranho precisa ser emocionalmente distante para compreender o que viu com compaixão e humor.

Precisamos fazer amizade com todas as subpersonalidades que estão sob a superfície da nossa consciência. Precisamos compreender quem são, o que aprendemos através de suas experiências passadas e por que fazem parte de nós. Cada personalidade tem características positivas que precisam ser assimiladas e integradas. Precisamos também confrontar abertamente os aspectos negativos dessas personalidades, prontos para compreender por que seguiram, no passado, o caminho do menor esforço, vivendo suas vidas de maneira egoísta ou perigosa. Quando procuramos entender os traços negativos de nossas subpersonalidades, começamos gradualmente a nos aceitar, pois paramos de julgar a nós mesmos. Aprendemos a não mais nos crucificar por compreender de maneira errada quem realmente somos, sobrecarregando a nós mesmos com a culpa do passado. Só então começaremos a ser mais humanos e de convivência mais fácil. Muita gente não se julga com dureza, nem alimenta recriminações e culpas relativas a ações do passado. Mas há muita diferença entre quem se aceita indiscriminadamente e quem compreende sem recriminações sua fraqueza inerente, sabendo que é necessário mudar.

Há quem realmente ache que não precisa mudar nada. Quem se sente assim deve seguir seu instinto e esperar que esteja certo. Essa pessoa pode se ver numa encruzilhada — daqui a centenas ou milhares de anos — no seu processo único de desenvolvimento espiritual. A jornada de cada um é diferente. Há quem assimile lentamente suas experiências, ao longo de várias vidas. Então, de repente, acelera seu processo de aprendizado, avançando espiritualmente aos saltos. Não é possível julgar alguém em termos de "avanço espiritual", pois muitos de nós ainda têm uma festa transcorrendo a pleno vapor sob a superfície da consciência. Neste caso, nossos sentimentos de bem-estar e totalidade são muito afetados pela relação entre nossos convidados interiores. Apesar de nós mesmos criarmos a paz e a confusão dentro de nós, não temos consciência da origem das reações e atitudes externas das diferentes personalidades em relação ao mundo em geral, quando estimuladas a entrar em atividade.

Uma subpersonalidade pode ficar latente por muitos anos, vindo à tona apenas quando uma situação correspondente pressiona o botão de emergência na consciência. Muitas subpersonalidades podem ser comparativamente superficiais. É o caso de quem vive muitas vidas para aprender lições específicas. Essa camada superficial é conhecida como **Camada 1** ou camada externa da gama de subpersonalidades.

A **Camada 2** incorpora a gama de personalidades *grandes* e *notórias* do passado. Algumas dessas personalidades manifestam aspectos muito criativos que podem ser qualquer coisa, desde um mártir que se imagina tal até o gênio de Leonardo da Vinci. Essas personalidades grandes ou notórias permanecem, muitas vezes, como vítimas emocionais, continuando a ser criativas em sua esfera.

Na **Camada 3** estão as personalidades profundamente esquecidas e rejeitadas. Geralmente não queremos nos lembrar conscientemente delas. As personalidades dessa camada costumam ser "personalidades de agressor".

Aqui, essas subpersonalidades estão divididas em três camadas para demonstrar os tipos de problema que ocorrem quando elas vêm à tona. É claro que há muitas outras subdivisões possíveis. Mas, para o que esse livro se propõe, podemos nos ater a estas três.

Camada 1

A camada 1 é encontrada logo abaixo da superfície da máscara da personalidade atual. Algumas pessoas são muito ingênuas no que diz respeito ao número de vidas que todos nós vivemos. Mesmo que consigam imaginar mais de uma, conseguem imaginar, no máximo, uma meia dúzia! Na verdade, vivemos inúmeras vidas. Assim, há muitos aspectos não integrados de personalidades passadas dentro de nós, aguardando a nossa atenção. Parece que, numa determinada encarnação, um conjunto específico de personalidades se torna mais pronunciado, dependendo, provavelmente, do objetivo de uma determinada existência. À medida que as personalidades mais superficiais vão se tornando mais integradas, através da compreensão e da auto-aceitação, as mais profundas podem emergir com mais segurança. Isso abre espaço para que as personalidades rejeitadas finalmente apareçam.

As personalidades da Camada 1 são bem aceitas por quem está fazendo uma regressão. São, em geral, personalidades que passaram por um sofrimento considerável para que a alma aprendesse a lição que decidiu aprender.

Muitas vezes a decisão interior de encarnar está ligada à culpa profundamente arraigada, associada a um forte desejo de autopunição, ligado às personalidades rejeitadas que habitam a Camada 3. Como todos somos o nosso próprio juiz, júri e carrasco, nós nos punimos vida após vida, até finalmente compreendermos. É importante entender que as personalidades ou "máscaras" não querem mudar. Ficam felizes como estão, perpetuando sua existência como um fantasma estóico que insiste em assombrar o mesmo lugar século após século.

Por exemplo: a personalidade do *homem rude* pensa e age como um homem rude, sem imaginar que pode ter mais do que tem. O lado negativo dessa personalidade pode estar ligado à falta de auto-estima, ao pensamento limitado e às expectativas limitadas. O lado positivo poderia ser a capacidade de apreciar as coisas simples da vida, como o amor à natureza e muitas outras coisas.

O lado negativo de uma *freira* ou de um *padre* enclausurado pode ser o medo da vida e da sexualidade, distanciamento emocional, separação entre o que é considerado espiritual e o que é considerado físico, austeridade ou medo da liberdade. Os aspectos positivos de uma freira ou padre podem ser amor a Deus, meditação, prece, capacidade de ficar só, força, solidariedade e humildade.

A personalidade negativa de um *nômade* pode manifestar medo de confinamento e de responsabilidade, e talvez medo de espaços fechados. O aspecto positivo é o amor à natureza e a espaços abertos, amor à aventura e à liberdade.

O lado negativo da personalidade de um *palhaço* pode se manifestar como falta de auto-estima, desejo de ser humilhado, solidão, hipersensibilidade aos sentimentos dos outros. Os aspectos positivos são, talvez, vontade de se divertir e de rir, vontade de fazer os outros felizes, bom humor e alegria de viver.

O lado negativo da personalidade de um *cavaleiro,* que aparentemente luta pelo que é certo, pode ser arrogância, orgulho e auto-engano. Os aspectos positivos manifestam-se como altruísmo, bondade, preocupação, coragem e força.

Esses são apenas alguns poucos exemplos da Camada 1. Todas essas personalidades são bem aceitas, mesmo que tenham sido malconduzidas numa determinada encarnação. Geralmente, as personalidades se desequilibram por causa de má compreensão ou falta de consciência. O homem rude pode ter sido muito limitado, aceitando com facilidade o papel de "vítima". A personalidade do padre pode afetar o modo de ser e a sexualidade atual de uma pessoa, especialmente se não se livrou de seus antigos votos de celibato, castidade e obediência! O cavaleiro errante talvez tenha um entusiasmo excessivo pelo "caminho espiritual", podendo facilmente se perder ao longo do caminho por ter certeza de que jamais se perderia — para ele, só os outros se perdem.

Há outras personalidades que podem ser encontradas na Camada 1. Por exemplo: pessoas que morreram de repente, numa guerra ou num desastre de alguma vida recente, e voltaram muito depressa. Os corpos áuricos de personalidades desse tipo não tiveram tempo de se ajustar à nova marca psicogenética no período entrevidas. Assim, os danos ficam próximos à superfície da nova personalidade. Isso significa que a personalidade hospedeira pode vir a sofrer. Talvez sinta dores incomuns, geralmente consideradas psicossomáticas pelos médicos. Mas, na verdade, estão relacionadas com o desastre recente de outra vida.

Os espíritos de bebês natimortos ou abortados também podem habitar na Camada 1, como que fisicamente fossilizados. Muitas vezes estão resolvendo carmas de vidas passadas, aprendendo a apreciar a sagrada natureza da vida ou ajudando outros a fazer o mesmo.

É muito difícil que haja "personalidades de agressor" na Camada 1. As personalidades de vítima são as que vêm à superfície com mais facilidade. Elas pertencem a pessoas que foram pobres, perseguidas, passaram por momentos difíceis, morreram jovens ou em circunstâncias traumáticas. Não existe uma vítima completamente inocente, pois há sempre alguma razão interior que atrai magneticamente as circunstâncias adversas.

Quando um homem está prestes a ser enforcado por um crime que não cometeu, muitos se perguntam por quê. A reencarnação oferece uma resposta lógica. Talvez ele esteja entrando novamente numa cadeia de acontecimentos que foi posta em movimento há muitas encarnações. Quando você pensa nos bilhões de pessoas da terra, é difícil não se perguntar por que algumas parecem sofrer tanto, enquanto outras vivem vidas comparativamente felizes.

Jung provavelmente chamaria esses acontecimentos de "coincidências significativas". Isso quer dizer que há um fator interno em ação, que junta magneticamente condições cármicas não-resolvidas. Quando olhamos além do domínio do acaso ou da coincidência cega, é difícil não nos perguntarmos por que um assassino é atraído por uma determinada pessoa entre milhões. Quando compreendemos a lei cármica de causa e efeito, é possível imaginar que vítima e assassino se conheceram muito bem em vidas passadas, compartilhando experiências que tiveram esse devastador efeito atual.

Nossa mente tem consciência apenas das experiências desta vida. Mas o nosso ser interior é parte do nosso passado cármico e essa é a realidade a partir da qual opera a lei de causa e efeito. Não podemos desprezar ou evitar aquilo que somos e a necessidade de integrar todos os aspectos de nós mesmos para chegarmos à totalidade e à harmonia interior.

Camada 2

Pode haver tipos semelhantes de personalidades residindo na camada média da psique. Mas parecem viver com mais intensidade, mais paixão e mais criatividade, de caráter desenvolvido mais fortemente.

Apesar de terem mais potencial, as personalidades da Camada 2 abrigam também muito mais dor, ressentimento, raiva, ciúme e vingança. Geralmente a personalidade hospedeira empurra essas personalidades mais dinâmicas mais para o fundo, para a camada média da psique, como uma medida de autoproteção, para não sentir as emoções mais fortes, que talvez não foram expressas na outra vida. Isso significa que as personalidades que habitam a camada média da psique podem ficar muito mais voláteis quando postas em ação por circunstâncias semelhantes na vida da personalidade hospedeira.

Uma moça ficava muito perturbada sempre que ouvia o Toque de Silêncio no domingo do Armistício. Entrava numa espécie de regressão espontânea, lembrando-se de quando fora morta como soldado na Primeira Guerra Mundial. Nesse caso, a corneta agia como um detonador para essa personalidade, geralmente adormecida.

Outro caso incomum de personalidade da Camada 2 é o de uma mulher que, em outra vida, foi um cardeal italiano muito respeitado. Sua relação com a religião e com Deus na existência atual era muito difícil. Durante a regressão, ele descobriu que tinha abusado de uma garotinha inocente, abandonando-a grávida. O caso nunca veio a público, mas o cardeal precisava viver consigo mesmo todos os dias. A culpa foi consumindo gradualmente sua existência aparentemente bem-sucedida. Perdeu o respeito a si mesmo e negligenciou sua aparência, tornando-se sujo e desgrenhado, achando que Deus o puniria por aquilo que considerava uma enorme perversidade. Alguns anos depois, morreu de desespero, com um sentimento de culpa que nunca conseguiu confessar abertamente. Depois de deixar o corpo, seu espírito percebeu que não tinha sido justo consigo mesmo e ficou cheio de remorso, ódio e culpa. Ao liberar essas emoções passadas, a personalidade hospedeira recebeu a absolvição, passando a ter uma ligação profunda e gratificante com Deus. A mulher se tornou muito mais feliz na vida presente e, pela primeira vez, conseguiu rezar sem se sentir interiormente condenada.

Os aspectos negativos das personalidades da Camada 2 são ativados quando estimulados por circunstâncias atuais. O fato de ser facilmente afetado por desejos pessoais não-resolvidos e por anseios não satisfeitos, e de não ver as coisas pela perspectiva correta, pode criar confusão na consciência da personalidade hospedeira.

Camada 3

Essa camada compreende personalidades rejeitadas e profundamente esquecidas. Geralmente, a pessoa não quer se lembrar delas ou não consegue enfrentá-las em seu atual estágio de evolução. As personalidades que habitam esse nível do espaço interior podem ser de santos ou pecadores, ou podem até mesmo estar ligadas a vidas em outros planetas, o que não é tão incomum quanto se pensa.

As personalidades do "agressor" ficam geralmente na Camada 3, pois são conscientemente rejeitadas. Do ponto de vista negativo, essas personalidades muitas vezes trazem com elas culpa profundamente arraigada, relacionada, por exemplo, com o mau uso do poder, incluindo magia negra, violência e crueldade. Do ponto de vista terapêutico, sabemos que tocamos as profundezas da psique quando as personalidades do agressor começam a vir à tona, pois são fortemente camufladas pela vítima e pelas personalidades neutras das Camadas 1 e 2. Parece que as vítimas funcionam como iscas para os agressores, assim como para os outros tipos de personalidades que o paciente só consegue encarar no momento propício. É perigoso fazer com que uma personalidade de agressor venha à superfície antes de trabalhar o que é mais simples.

Quando o agressor é forte, ele pode controlar muitas personalidades do tipo neutro ou mais fraco. Se tiver uma vontade incomumente forte e contar com o apoio de forças obscuras — ligações passadas com magia negra, por exemplo — ele pode usurpar a posição da personalidade hospedeira. Quando isso ocorre com uma pessoa desbocada e rude, ela geralmente é considerada "louca". Mas quando a personalidade profundamente rejeitada é esperta, maliciosa e negativamente charmosa (como o Conde Drácula, por exemplo) e passa a controlar a personalidade hospedeira, é muito difícil lidar com essa possessão, principalmente se as personalidades se complementam uma à outra. Seria ingenuidade achar que essas personalidades não conseguem controlar personalidades hospedeiras fracas. As unidades psiquiátricas e as prisões estão cheias de pessoas que foram controladas por espíritos do passado extremamente rudes e desajustados.

Há quem mergulhe na autopiedade porque teve uma vida particularmente difícil, sem levar em consideração a causa do padrão recorrente da personalidade de vítima.

Um bom exemplo disso é o caso de um rapaz que sentia que seu pai não o amava de verdade. O pai não era um homem particularmente amoroso, especialmente em relação ao filho. Durante a regressão, o rapaz voltou a uma vida em que tinha sido um cavaleiro que atravessou um homem com a espada porque este não concordou com o que ele havia dito. Na regressão, ele descobriu que esse homem era seu pai atual. Em outra encarnação, desta vez como sheik, vivia numa casa grande, com vários criados e esposas. Uma vez, um importante negociante de seda veio se hospedar em sua casa, como convidado de honra. Para demonstrar sua estima por esse homem, ele lhe deu uma de suas esposas: a que mais o amava. Essa esposa também era o seu pai atual. Na vida presente, tinha dificuldade de se comunicar com o pai emocionalmente frio por causa dessas situações não-resolvidas em vidas passadas: afinal, ele havia atravessado o pai com a espada, e, em outra ocasião, tinha dado o pai de presente! Depois da regressão, conseguiu compreender qual era a raiz de seu problema de comunicação e parou de culpar os outros. Continuou a terapia para integrar os aspectos mais cruéis de si mesmo, que se manifestaram nos níveis mais profundos da psique.

Personalidades positivas muito fortes habitam também a Camada 3, permanecendo ocultas por boas razões. Se a personalidade hospedeira tomar consciência cedo demais de sua presença e tentar trazê-las à tona, a pessoa em questão pode ter graves problemas de ego, se não estiver interiormente equilibrada e não tiver feito nenhum tipo de terapia.

Muitas pessoas, freqüentadoras de círculos espirituais, imaginam que foram alguém importante numa vida passada: no mínimo, Joana D'Arc, São Francisco de Assis, algum grande filósofo ou místico. Por isso, rejeitam qualquer personalidade de origem mais humilde. Mas é preciso passar por todo o espectro, do mendigo a Buda, para chegar a um estado interior de paz e equilíbrio, onde não existe julgamento.

Muitos têm personalidades ligadas a outros sistemas planetários. Uma sueca gastou todas as suas economias e ainda pediu dinheiro emprestado para viajar pelo mundo. Na época, ela não sabia, mas estava à procura de seu par espiritual, que tinha conhecido em outro planeta. Durante a regressão, ela descobriu que tinha tido um corpo completamente diferente, com quatro pernas e pescoço comprido, assim como seu companheiro. Sentiu muita alegria ao fazer esse contato, mesmo sendo através da regressão.

Alguns meses depois, eles se encontraram "ao vivo". Ficaram encantados ao descobrir que tinham corpos humanos de sexos opostos, sentindo internamente que se conheciam há séculos (o que era verdade). Sentiram uma forte atração um pelo outro e se aproximaram novamente, agora em forma humana. Os dois continuaram a fazer regressão e descobriram que tinham uma ligação espiritual muito forte. Eles teriam de viver e trabalhar juntos nesta vida para compensar as vidas que tinham vivido separados.

Uma americana trabalhou muito, na terapia, as Camadas 1 e 2 das subpersonalidades, e ficou muito surpresa ao descobrir, durante a regressão, que tinha vivido como mulher na época de Cristo e que o conhecia pessoalmente. Ficou ainda mais surpresa ao se ver ungindo os pés dele com seus cabelos longos: compreendeu então que tinha sido Maria Madalena.

Quando uma subpersonalidade positiva ou negativa muito forte emerge durante a regressão, a mente intelectual pode duvidar da validade da experiência, principalmente depois de séculos de condicionamento à crença de que a mente lógica é superior à intuitiva. Depois, começam a surgir mais informações a respeito da experiência, junto com emoções profundas, ligadas à personalidade emergente. Só um roteirista e um ator de primeira linha de Hollywood, com tempo e dinheiro sobrando, conseguiriam criar e contar o que acontece durante a Psicorregressão.

Quando uma personalidade rejeitada vem à tona, costuma levar tempo para que os aspectos positivos sejam integrados à psique, apesar dos aspectos negativos serem liberados durante o processo de Psicorregressão.

Inesperadamente, durante uma sessão de regressão, um homem se deu conta de que praticara artes negras na Atlântida. Ele sugava a energia vital das pessoas como alguém que bebe suco com canudinho! Não tinha dúvidas de que isso tinha acontecido, e a sessão o levou às profundezas da dor, além das lágrimas. Durante a terapia, compreendeu por que tinha descido a tais profundezas: o desejo de poder era mais importante do que a vida. Liberou todas as emoções negativas da subpersonalidade de mago de artes negras, descobrindo suas qualidades positivas: força, poder, energia e visão. Essas qualidades foram enfatizadas durante a terapia para que essa personalidade pudesse redirecionar seu poder a serviço de Deus.

Ele ainda levou muito tempo para se reajustar à nova energia. Mas começou a utilizá-la positivamente na sua vida cotidiana, aceitando o fato de que, fosse qual fosse a sua consciência na Atlântida, ela era muito diferente da atual. A aceitação do passado foi uma parte muito importante da integração efetiva.

Subpersonalidades e possessão

Não é incomum alguém ser dominado por várias subpersonalidades que controlam a personalidade hospedeira, como no clássico de C. H. Thighten, *As três faces de Eva.* Você já deve ter visto esse filme, estrelado por Joanne Woodward. Todos nós temos subpersonalidades, mas geralmente elas não vêm à tona sem ajuda, a menos que algum forte estímulo exterior a traga à consciência.

É possível ter forte identificação com as subpersonalidades sem ser possuído por elas. Mas quando alguém fica absorto demais no passado, pode se identificar demais com seus sentimentos e idéias passadas, deixando que dominem sua personalidade. Especialmente quando a vida atual não é muito emocionante, é comum ficar-se fantasiando alguma glória passada.

Há muitos anos, numa visita a Sorrento, comecei a conversar com um hoteleiro que tinha um lindo hotel junto ao mar. Ele parecia ser um homem calmo, inteligente e agradável. Durante uma conversa amena sobre a beleza e a magia de Sorrento, ele mencionou de repente seu interesse por Tasso, o poeta italiano do século XVI. Como eu demonstrei interesse por poesia, ele me convidou para jantar naquela mesma noite: queria conversar sobre o seu poeta favorito. O jantar foi servido numa enorme mesa de madeira, com candelabros nas duas pontas. Depois de falar por umas duas horas, ele me convidou para ver as relíquias de Tasso. Sem esperar resposta, ele me mostrou vários óculos que tinham sido usados pelo poeta, alguns dentes que tinha conseguido com parentes, além de roupas e livros pessoais de Tasso. Eu era jovem, um pouco gentil demais e não tive oportunidade de falar muito. Mas, por dentro, estava muito interessada naquilo que parecia estar pos-

suindo aquele homem, para que ele se desse a tanto trabalho para preservar a sua lembrança.

Naquele momento, eu soube o que ia acontecer: o homem me convidou para ver uma réplica exata do quarto em que Tasso tinha morado. Sem acreditar, aceitei o convite. Ele ergueu um grande alçapão que levava a um quarto mais abaixo. Descemos e me vi num quarto grande, com uma estátua em gesso de Tasso sentado à escrivaninha, cercado de livros, de papéis e de uma elegante mobília do século XVI. Fiquei perplexa, sem saber o que pensar, quando ele ergueu outro alçapão no chão, que dava para outro quarto. Eu achava que já tinha visto tudo, mas o quarto secreto me surpreendeu. Era uma réplica de uma cela de prisão, com uma estátua em cera de Tasso, em tamanho natural, morto e ensangüentado numa cama tosca, com uma bola de ferro presa por uma corrente ao tornozelo. Senti um clima muito desagradável naquele quarto, como se o hoteleiro tivesse aprisionado, inconscientemente, o espírito do poeta morto na prisão de sua mente. Quando voltamos, eu já estava com muita vontade de ir embora. Então, quando eu ia saindo do hotel, o homem se aproximou muito alegre de duas senhoras americanas e lhes perguntou se gostariam de ver algumas relíquias do poeta!...

Esse é um caso avançado de uma possessão por uma subpersonalidade. O homem estava vivendo a vida de outra pessoa, quase às custas de sua vida presente. Dava para perceber que ele estava quase tomado pela outra personalidade.

Mas há casos muito menos óbvios de possessão por subpersonalidades. Por exemplo: durante meus anos como terapeuta e agente de cura, conheci pessoas que se identificavam com vidas ligadas à feitiçaria, especialmente durante a Idade Média. Algumas sentiam internamente que tinham sido queimadas e torturadas por prática de feitiçaria e fizeram regressão para descobrir se isso era verdade. Outras tinham uma identificação mais forte com essas personalidades e chegavam a mudar sua maneira de vestir, usando o preto ou roupas equivalentes à moda da Idade Média, como anéis extravagantes em todos os dedos. Já me deparei com muitas ex-bruxas, mas conheci comparativamente poucos inquisidores habitando nas profundezas da Camada 3 da psique.

Conheci um australiano que tinha muita mediunidade mas era emocionalmente desequilibrado. Ele se identificava muito com o Cardeal Richelieu, o estadista francês do século XVII que foi o primeiro-ministro de Luís XIII. Ele usava roupas e insígnias à altura e agia à maneira da realeza, que não conseguia imitar muito bem. Ele não queria modificar o seu estado interior, pois achava que não havia nada errado a ser corrigido.

Havia um escocês conhecido como a reencarnação de William Shakespeare. Ele era capaz de recitar de cor muitas das peças, incorporando todos os personagens, ao mesmo tempo e com muita eloqüência. Ele dava a impressão de querer conservar em segredo a sua identidade, mas todos que o conheciam descobriam rapidamente sua personalidade passada. Ele nunca revelou seus verdadeiros sentimentos e nunca quis descobrir mais sobre sua vida como Shakespeare. Era de se esperar que demonstrasse um pouco de curiosidade saudável diante de uma questão tão importante. Era um homem interessante e muito brilhante, mas não estava interessado em terapia de regressão. Sua ligação com Shakespeare vinha à tona naturalmente em sua vida cotidiana. Era óbvio que conseguia lidar bem com esse aspecto específico de sua natureza.

Alguém que alega ter sido uma personalidade famosa do passado, como Florence Nightingale, Beethoven ou São Francisco de Assis, é visto com mais ceticismo do que quem afirma ter sido uma personalidade malquista, como Maquiavel, Lucrécia Bórgia, Salomé ou Adolf Hitler. Essas pessoas costumam ser tratadas com frieza ou meramente consideradas excêntricas. Mas, quem afirma ter sido uma personalidade famosa e positiva do passado, geralmente é ridicularizado como megalomaníaco ou louco.

É compreensível que essas pessoas sejam tratadas assim, pois, como a causa do problema não é compreendida, ele não é bem avaliado. Conheci várias mulheres que afirmavam ser a reencarnação da Virgem Maria, de Jesus Cristo, de Shakespeare, de Paracelso, do Cardeal Richelieu ou de Madame Blavatsky, e vários homens que afirmavam ser o famoso mago Aleister Crowley! Só uma dessas pessoas pode estar viva e dizendo a verdade. As outras estão se identificando com um modelo conhecido. Talvez esse modelo se assemelhe a alguma personalidade passada com a qual têm forte identificação por causa de experiências não-resolvidas ligadas ao passado.

Há muitos anos conheci um homem com várias subpersonalidades fortes (Camada 3) que lutavam pela supremacia. Nas várias ocasiões em que o encontrei profissionalmente, eu nunca sabia que personalidade iria bater à minha porta. Um dia, ele aparecia muito sério, vestido de faraó. No outro dia, ele entrava pela porta de maneira muito diferente, sorrindo e vestido de rabino. Depois aparecia imaculadamente vestido de smoking e gravata-borboleta. A mulher dele era controlada principalmente por uma das personalidades passadas. Ela vivia, respirava e agia como uma sacerdotisa egípcia. Tolerava polidamente as "recaídas" ocasionais do marido, que o afastavam momentaneamente de sua verdadeira personalidade de faraó e o aproximavam das personalidades menores de rabino e de nobre. Eles tinham o que julgavam ser uma escola espiritual para iniciados no caminho da iluminação e se consideravam mestres espirituais muito avançados. Mas não percebiam que, quando o lado positivo de uma natureza se amplia através de práticas espirituais, o lado negativo vem à superfície e precisa ser reconhecido e cuidadosamente administrado. Esse homem e essa mulher ignoravam esses perigos óbvios, e suas personalidades ficaram mais fragmentadas ao longo dos anos, permitindo que uma entidade satânica passasse a controlar todas as personalidades, levando-os a acreditar que estavam se tornando mais poderosos e elevados. Eles achavam que nada de incomum havia ocorrido, pois o orgulho os conduziu na direção errada. Isso é um exemplo de como as coisas podem ser alteradas na vida presente se as pessoas não estiverem dispostas a encarar os aspectos negativos de si mesmas.

Os criminosos, como os assassinos, os ladrões, os estupradores e os sádicos são esporadicamente possuídos por subpersonalidades negativas por causa de fraquezas inerentes à personalidade hospedeira. Se há uma dívida espiritual que continua a crescer por falta de boa vontade, temos que pagar essa dívida para evitar a falência espiritual. A personalidade criminosa não está disposta a pagar suas dívidas. Assim, ela é forçada fisicamente a isso ao ser colocada na prisão. Isso não resolve o problema, mas mantém a situação sob um controle superficial até que haja uma soltura por bom comportamento. Então, a subpersonalidade pode ressurgir para perpetuar seu padrão de comportamento anti-social. Não estou sugerindo que todos os criminosos agem dessa maneira: isso seria simplista demais. Estou querendo dizer que, em grande porcentagem, os criminosos são possuídos por uma ou várias sub-personalidades e carmas não-resolvidos, ligados a esta e a outras vidas.

Em seu livro *Diagnosis of Man*, o dr. Kenneth Walker afirma que a personalidade criminosa geralmente tem um sistema endócrino seriamente desequilibrado, incluindo mau funcionamento das glândulas pituitária e pineal. Eu acrescentaria que isso é sintoma de algo muito mais profundo, indicando, em muitos casos, graves problemas de possessão por subpersonalidades, assim como possessão por demônios e espíritos externos. Depois de preso, o criminoso muitas vezes diz: "Não sei o que aconteceu. Eu estava fora de mim." E sem dúvida estava, pois outra personalidade tinha assumido o comando. Outro truísmo é: "Não sei o que tomou conta de mim." Isso faz pensar! Acho que nem sempre o criminoso está 100 por cento consciente ao cometer um crime. A raiva, o ódio ou o ciúme criam uma aberração temporária da consciência, permitindo que uma ou mais subpersonalidades malignas venham à superfície e assumam o controle. Pessoas como Jack o Estripador, Myra Hindley e Charles Manson tinham, provavelmente, personalidades muito pesadas na Camada 3, que vinham à tona quando provocadas por circunstâncias propícias. A clássica história do dr. Jekyll e de Mr. Hyde, escrita por Robert L. Stevenson em 1886, ilustra de maneira viva a batalha entre a personalidade positiva e a personalidade negativa dentro de um homem. As experiências médicas do dr. Jekyll, para se transformar através do uso de poções, gerou a personificação de seu próprio mal, Mr. Hyde, a parte não resgatada de sua natureza, que só vinha à tona quando provocada deliberadamente. Mr. Hyde assume o controle de maneira insidiosa, tentando destruir completamente o dr. Jekyll. O dr. Jekyll tem consciência da personalidade má de Mr. Hyde que habita dentro dele e fica horrorizado pelas repercussões da manifestação do seu próprio mal. Ele sente que a situação só será superada com a sua própria morte.

Essa história é uma ilustração muito dramática da luta que pode ocorrer dentro de cada um de nós. Mesmo quando ela ocorre numa escala mais branda, não é menos real. É preciso que se dê mais atenção às causas fundamentais dos problemas dos criminosos deste mundo.

É ingenuidade pensar que a pena judicial impede que a maioria dos criminosos volte à prisão. Eles precisam ser compreendidos de outra maneira e não apenas punidos por más ações do passado. Isso não toca o cerne do problema. Um bom trabalho vem sendo realizado por pessoas conscientes, ligadas aos governos de várias partes do mundo. Esses trabalhos geralmente têm orientação psiquiátrica, mas os problemas ligados à reencarnação, à possessão por espíritos ou distúrbios de subpersonalidades geralmente são controlados com drogas. Em geral, essa área não é tratada de acordo com linhas terapêuticas mais sensíveis, nem compreendida de um ponto de vista psíquico ou paranormal.

Quem comete um crime pode muito bem estar sob o domínio de um espírito ou de uma subpersonalidade, que talvez estivesse latente por muitos anos, pois o lado negativo só vem à tona em situações pessoalmente emotivas. Quando essas personalidades negativas são reprimidas pelo confinamento mas querem continuar a seguir seus padrões, fazem de tudo para dar ao mundo a impressão de normalidade — como ela é entendida pela sociedade — simulando até mesmo a conversão religiosa.

Estupradores convictos, depois de muitos anos de confinamento e de comportamento exemplar, podem cometer outro crime sexual depois de poucas horas de liberdade. Como na prisão não há mulheres, não há também estímulo. Se os meios de comunicação dessem tanta atenção ao criminoso comum quanto ao criminoso sexual, talvez o panorama se modificasse. Quando uma erva não é totalmente arrancada do chão, ela simplesmente volta a crescer. Quando a causa principal não é tratada, o problema volta a ocorrer de uma forma ou de outra.

Os presos poderiam se beneficiar da terapia de Psicorregressão, pelo menos os que desejam profundamente mudar. Geralmente o criminoso tem, na psique, uma sobrecarga psíquica crônica de energia não-resolvida que precisa ser tratada. A energia precisa ser transmutada gradualmente, pois um tipo negativo muito predominante de subpersonalidade afetaria, sem dúvida, vários órgãos e partes do corpo, como por exemplo partes do cérebro, do sistema endócrino e do coração.

Podemos ser afetados de maneira positiva ou negativa pelas nossas subpersonalidades. Todos nós criamos as nossas próprias prisões para escapar livremente delas e encontrar o nosso Deus interior. Isso só é possível quando temos um forte desejo de mudar e vontade de seguir este *sistema de cura e crescimento pessoal.*

10
União com os poderes essenciais

Desde o início da história conhecida, há inúmeras alusões à divindade dentro do homem. Numa referência bíblica (João 10), Jesus Cristo afirma abertamente "Vós sois Deuses" e "O Pai está em mim e Eu estou nele", inferindo que cabe a nós aceitar ou rejeitar esse fato. Discuti esse ponto com vários sacerdotes cristãos ortodoxos. Eles geralmente dão voltas ao assunto, afirmando que Cristo quis dizer que somos um "pedacinho de Deus", uma "parte de Deus" ou uma "centelha de Deus". Na verdade, a afirmação "Vós sois Deuses" não pode ser discutida: ela só precisa ser internamente absorvida e transformada em objeto de meditação.

Os ensinamentos esotéricos de todas as religiões estimulam o contato com o Deus interior ou a busca pelo estado interior de Iluminação, mas não a ligação exterior com qualquer pessoa, objeto ou doutrina. O lado esotérico da religião pode ser aplicado de maneira positiva ou negativa. As preces, meditações ou aspectos sacramentais ajudam a formar uma base sólida que facilita o desenvolvimento da comunidade, além de aumentar a consciência espiritual do indivíduo. Mas a religião é negativa quando o dogma se torna mais importante que a essência, levando muitos à crença de que seu caminho é o único que leva a Deus.

A civilização traz consigo muitos riscos pessoais e ambientais, que podem ter efeito prejudicial sobre o crescimento físico, emocional e espiritual do indivíduo. Estamos cercados pelos efeitos de um ambiente criado artificialmente e que está destruindo gradualmente este planeta. O concreto no chão, que inibe a força vital da terra, o barulho e a poluição, incluindo a radioatividade e os agrotóxicos são apenas alguns dos perigos que enfrentamos todos os dias. Nossos corpos, mentes e emoções precisam enfrentar e superar esses problemas e esses efeitos antes de começarem a descobrir as origens do sagrado.

Purificação pessoal

Além de liberar o carma negativo do passado e descobrir os traumas de infância desta vida, fundimos e integramos também os aspectos positivos de nossas personalidades passadas, que reforçam a nossa criatividade e poder na vida cotidiana. Se, por exemplo, você foi um cavaleiro em outra encarnação, os atributos positivos dessa personalidade talvez sejam força, resistência e tenacidade. Essas características são enfatizadas quando as energias negativas são liberadas. Isso se aplica, naturalmente, a diferentes tipos de personalidades de existências passadas. Se você foi dogmático e emocionalmente rígido, com idéias fixas sobre a vida e a sexualidade, talvez descubra, quando essas características negativas forem liberadas, um ser humano amoroso, bondoso e sexualmente predisposto, pronto para sair de dentro de você. Você poderá, então, começar a gozar a vida, em vez de simplesmente vivê-la.

Quando partes de nossas personalidades passadas ficam aprisionadas em outras zonas do tempo, não conseguimos nos ater ao presente e desperdiçamos a alegria simples de viver verdadeiramente o momento, aproveitando, minuto por minuto, o fato de estarmos no nosso corpo atual.

Precisamos também criar uma base sólida para nossas atividades espirituais. Assim, pelo menos, atuaremos com harmonia no nosso mundo físico. Muitos passaram por um bom processo de purificação ao longo de suas vidas: meditação, prece, alguma forma de aconselhamento e diferentes terapias, como a regressão e várias formas de cura e práticas xamanísticas. Mas conheci muitos médiuns e agentes psíquicos da cura que não têm boa condição física porque não cuidam bem do corpo, contando demais com seus poderes espirituais e menosprezando seu veículo físico. Não percebem que o corpo pode ser comparado a uma tomada que, se estiver com defeito, pode queimar um fusível quando uma corrente elétrica mais forte passar.

A limpeza e a purificação pessoal do corpo físico pode ser feita de muitas maneiras. Mas há vários tijolos essenciais que nos ajudam a construir os alicerces do nosso templo físico.

A desintoxicação do corpo físico é de importância máxima. Chega-se a ela através de remédios naturais cuidadosamente selecionados, incluindo ervas, medicamentos homeopáticos ou remédios ayurvédicos indianos.

Também é possível desintoxicar através do jejum monitorado ou seguindo uma dieta de desintoxicação, como a macrobiótica, a dieta de frutas ou o sistema Hay. A regra principal do sistema Hay é não misturar carboidratos com proteínas e frutas ácidas. (Ver Leituras Adicionais: *Food Combining for Health.*)

Uma má combinação de alimentos numa dieta vegetariana pode resultar em deficiência de ferro, em hipoglicemia, em indigestão e em altos níveis de colesterol, principalmente quando a dieta inclui laticínios e frituras. É vital o acompanhamento consciencioso, feito por especialistas na área.

Os remédios minerais Gurudas (ver Leituras Adicionais) e os florais de Bach ajudam o processo de eliminação. Remédios florais e minerais ajudam o paciente a enfrentar seus problemas emocionais e mentais, o que, por sua vez, cura o corpo físico. As essências de flores australianas também ajudam no processo de eliminação em todos os níveis e, quando usadas junto com a terapia de Psicorregressão, podem acelerar bastante o processo.

Outra parte muito importante do processo de purificação, que nunca deve ser ignorada, é o tratamento de parasitas: vermes e fungos. Segundo a crença popular, só as crianças têm vermes. Mas isso é totalmente falso, pois a infestação pode ocorrer em qualquer idade.

Quando estive nos EUA, conheci o dr. Bob Ramirez. Passei muitas horas acompanhando seu notável trabalho em Los Angeles. O dr. Bob, como eu costumava chamá-lo, era parasitologista e clínico especial. As pessoas o procuravam por causa de problemas diversos, como esquizofrenia, depressão grave, cansaço, fome crônica, insônia e hiperatividade. Ele também praticava a radiônica e muitas vezes usava seus pêndulos para verificar se o paciente tinha algum tipo de parasita, verme ou fungo. Na maioria dos casos, os pacientes tinham vermes e parasitas. Ele lhes dava remédios de ervas para que eliminassem do organismo os vários tipos de parasitas e ovos.

Na Europa, é usado um vermífugo muito inadequado para tratar uma ampla variedade de vermes, parasitas (incluindo os tropicais) e fungos. Mas, como há muitos tipos de parasitas, um tratamento genérico certamente não garante a cura definitiva. O combate aos parasitas deve ser, no mínimo, uma parte fundamental do processo de limpeza da medicina ortodoxa e alternativa, pois é parte vital da purificação física.

Durante seus muitos anos de pesquisa, o dr. Bob descobriu que o paciente com esquizofrenia ou depressão e que era tratado dos vermes começava a se sentir muito melhor em poucas semanas, independentemente de seus sintomas originais. Apesar de trabalhar no nível físico, ele tratava clinicamente o problema principal, além dos parasitas.

Conversei com muitos de seus pacientes sobre suas reações ao tratamento, comprovando os bons resultados conseguidos. Vi também muitas amostras de parasitas de todas as formas e tamanhos que haviam sido eliminados através das fezes de pessoas de todas as idades e de todos os tipos. O dr. Bob conseguia resultados tão eficazes que pessoas do país inteiro vinham procurá-lo. Infelizmente, ele morreu, provavelmente por excesso de trabalho. Não há muitos que consigam dar continuidade aos seus métodos incomuns.

É importante incluir essas informações neste livro. Há quem imagine estar possuído por um espírito mau porque range os dentes à noite, ou por uma subpersonalidade quando está deprimido, ou pelo demônio da ansiedade quando morde as unhas. Mas a causa principal do problema pode ser apenas um parasita.

Nos antigos métodos de cura dos xamãs, a fonte do problema inicialmente é trabalhada de dentro para fora, e não o contrário. Ao trabalhar nossos problemas mentais e emocionais, purificamos até certo ponto o nosso corpo físico. Seria insensato imaginar que, ao purificar a mente e as emoções, o corpo físico ficaria automaticamente curado. Como vivemos num ambiente poluído, isso seria esperar demais. As pessoas geralmente tratam seus carros com muito mais respeito do que o próprio corpo, apesar do interesse pela saúde ser muito maior agora do que há dez anos. Apesar de haver mais consciência acerca da saúde e maior preocupação com alimentação e exercícios, a maioria não limpa nem desintoxica regularmente o corpo. Quando isso é levado a sério e o processo de purificação é bem-sucedido em todos os níveis, incluindo o físico, estão estaremos prontos para receber os frutos de nossos esforços, entrando em contato com a fonte principal de nossos poderes interiores, ajudados pela Psicorregressão.

Os poderes essenciais

A maioria das pessoas que vive na Terra querem o poder, de uma forma ou de outra. Mas a manifestação desse desejo depende muito da maturidade espiritual e da compreensão da pessoa em questão. Uma alma jovem, sem o senso de sabedoria desenvolvido, talvez queira ter poder para chamar a atenção através de algum tipo de adulação, sonhando com boa aparência ou posses materiais. Uma alma experiente, que já encarnou por períodos mais longos e já aprendeu mais em experiências de vidas passadas, talvez ainda queira o poder, mas de um tipo muito mais sutil, quase não-existente ao olhar pouco atento. O desejo pelo poder pode ser camuflado de muitas maneiras: atrás de uma aparência de santo que se manifesta no altruísta exagerado ou talvez no estudioso da iluminação, que quer o poder para se sentir importante por razões pessoais — embora faça segredo disso — como alguns de nossos políticos, estadistas e religiosos. O público raramente se beneficia desse tipo de egoísmo invertido.

Somente uma pessoa excepcional, com motivos "puros como a neve que cai", desejaria fazer contato com a sua fonte de poderes essenciais. Mas o programa de purificação pessoal que inclui a limpeza da mente, das emoções, das condições psíquicas e do corpo físico, prepara gradualmente o terreno para uma ligação segura e eficaz com as raízes espirituais da existência. Sem passar pela purificação inicial, esse procedimento seria perigoso: seria como construir um palácio de ouro numa zona de terremotos. A purificação é da máxima importância, pois precisamos enfrentar todas as complexidades da psique humana, afetada pelo carma passado e atual.

Depois da transmutação dos diferentes tipos de energia negativa e da limpeza do corpo, cria-se um estado propício para a descoberta dos muitos tipos de jóias reluzentes que estão nas profundezas da psique, esperando ser descobertas e usadas criativamente segundo suas características individuais. Somos todos uma verdadeira casa-forte, e cabe a cada um de nós descobrir os diferentes tipos de poder latentes nos níveis mais profundos do nosso ser. Esses poderes podem ter sido adquiridos em vidas passadas, quando dirigimos nossas energias, de maneira positiva e altruísta, para servir aos outros.

Todos nós temos um Anjo da Guarda, assim como um ou mais espíritos-guias, dependendo do tipo de trabalho que realizamos na vida atual. Alguém que se dedica a ganhar dinheiro apenas para vantagem pessoal, sem usar criativamente seus poderes, tem, provavelmente, apenas um ou dois guias tentando ajudá-lo a ampliar seu nível de percepção. Mas alguém que ajuda ativamente os outros através das artes e das ciências, ou que está, mesmo que de maneira indireta, a serviço da humanidade, atrai um número maior de guias, com diferentes habilidades, prontos a ajudá-lo a realizar sua tarefa de maneira mais eficaz. Alguns agentes de cura têm uma meia dúzia de anjos importantes, além do seu Anjo da Guarda, para ajudá-los no seu trabalho, assim como anjos menores que fortalecem os diversos órgãos do corpo.

Muitos videntes vêem os espíritos-guia num molde semelhante, o que, possivelmente, resulta de suas projeções pessoais. Os índios norte-americanos, as freiras, os monges e os filósofos chineses parecem vir à tona com regularidade infalível. Os médiuns não costumam ver marinheiros, peões de obra, garçonetes, mulheres exóticas ou lutadores da categoria dos peso pesado. A escolha parece ser bastante convencional. Isso não significa que os guias vistos pelos médiuns não sejam genuínos. Mas essa visão pode inibir o entusiasmo natural de alguns outros ajudantes do mundo espiritual, que não se encaixam nas categorias de praxe. É engraçado que prevaleça uma tal atitude entre pessoas que afirmam "ver". Se você tiver um mecânico de motos ou um peão de obras como guia, em vez de um monge ou de um filósofo, não seja preconceituoso. A compaixão deles é igual e eles sem dúvida são excelentes ajudantes, muitas vezes com um senso de humor vivo e concreto.

Muitos se perguntam se os espíritos-guia são parte integrante do poder principal de cada um ou se são entidades totalmente separadas, que ajudam quando é necessário. A resposta é "sim" para as duas questões. Muitos espíritos-guia podem ser o equivalente espiritual de personalidades passadas que evoluíram ao ponto de poderem ajudar ativamente o processo evolutivo da pessoa encarnada. Mas outros guias tendem a ir e vir, dependendo de circunstâncias terrenas.

Um fazendeiro, por exemplo, pode ter guias específicos que o ajudam a se comunicar mais facilmente com a natureza. Mas se ele resolver se tornar um orador e abandonar a fazenda, então os guias que o ajudavam a entrar em contato com as plantas talvez o deixem. Outros guias, ligados à comunicação, virão para ajudá-lo no seu trabalho. Um homem que se tornou agente de cura já com certa idade atraiu uns 15 guias para ajudá-lo a curar e, quando se aposentou, muitos desses guias foram embora, permanecendo apenas os seus guias pessoais. Alguns anos depois ele resolveu escrever um livro sobre cura. Alguns poucos guias, ligados à comunicação e à inspiração, vieram ajudá-lo no seu projeto.

Estamos nos referindo a dois tipos de espíritos-guia: aqueles que são uma extensão natural da pessoa e os que ajudam temporariamente, quando a situação exige.

Diferentes tipos de poderes essenciais

Há outros tipos de poderes positivos que habitam no interior da psique ao lado dos anjos e dos espíritos-guia. Esses poderes se manifestam de muitas maneiras diferentes, assumindo a forma mais apropriada à formação cultural e religiosa da pessoa envolvida. Eles podem se manifestar como animais, como pássaros, como insetos ou répteis, como se pode ver nas religiões egípcias e dos índios norte-americanos e nos panteões xamanísticos, onde aparecem deuses com cabeças de animais, serpentes e escaravelhos dourados simbolizando a alma e outros poderes divinos.

Todos nós temos, codificado na nossa psique, um mapa de vida que começa muito antes da história conhecida, bem no início da criação. Há poderes latentes dentro de nós que foram rejeitados ou esquecidos com o passar do tempo. Precisamos reconquistar esses poderes para sermos, finalmente, quem realmente somos: Deuses em formação. Na nossa existência cotidiana, apesar de compartilharmos do mesmo destino, somos indivíduos com o dom do livre-arbítrio. Assim, não há como saber quanto tempo levará para começarmos a busca pelo Santo Graal, ou a busca pelo "sonho impossível" — à maneira de Dom Quixote — ou a combater os dragões criados pela nossa falta de confiança e autoconsciência.

Do que precisamos para chegar à percepção consciente? Será que ainda precisamos de feiticeiros negativos, da magia negra do passado e de demônios criados por nós mesmos para interromper a nossa busca durante centenas de anos, ou será que estamos prontos para despertar com o beijo da vida de um príncipe ou princesa (que é, simbolicamente, a nossa alma divina)? Certamente temos uma escolha: concordar com a mudança ou continuar iguais por mais algumas vidas. Nossos poderes interiores podem ajudar a destrancar partes de nós mesmos que, de outra forma, permaneceriam adormecidas.

O *místico* dentro de nós, por exemplo, tem empatia pelas estrelas e compreende o que acontece por detrás de seu brilho, sabendo também como se sente o trovão ao soar através do céu enegrecido. O místico consegue entrar silenciosamente em contato com a unidade de tudo o que vive, se move e existe na consciência divina.

O *mago* dentro de nós (através da pura alegria e exaltação divina) faz com que o fundo do mar se mova, com que os anjos cantem e com que o reino dos elementais e das fadas coopere de boa vontade com a nossa necessidade de agir.

O *sacerdote* dentro de nós une o mundo invisível com o visível, sentindo o movimento atemporal de energia no decorrer da celebração divina. Através de uma união profunda e sagrada, ele purifica, abençoa, sacraliza e transforma.

O *guerreiro*, com seu poder, é capaz de ver sem olhar e de saber sem perguntar; sua espada simboliza a vontade e seu escudo, o amor incondicional. Seus olhos são como espelhos em que os outros se refletem.

O poder do *palhaço* é, talvez, um dos poderes mais enganosos e copiosos, em que o humor está ligado ao ritmo do sagrado. Quando é divinamente motivado, pode voar como uma flecha dourada diretamente ao cerne do problema. Ao tornar engraçado até mesmo aquilo que parecia mortalmente sério, ele é capaz de revelar a fonte do problema de uma perspectiva totalmente diferente. O palhaço precisa ver, saber e sentir o que está acontecendo por detrás da fachada para conseguir abrir a concha ou a máscara criada pela própria pessoa, sem que se perca o respeito a si mesmo.

Esses poderes essenciais ou arquetípicos despertam naturalmente quando você entra em contato com seus poderes especiais. A maneira pela qual você entra em contato com as fontes desses poderes essenciais varia um pouco pois, neste estágio, você não está no processo de liberar energias negativas. O começo do processo é semelhante ao da Psicorregressão. Mas, no fundo do lago, do poço ou do mar, você penetra em recessos ainda mais fundos do eu e conta com a proteção contínua e com a ajuda do Anjo da Guarda que nunca sai do seu lado no decorrer da experiência sagrada. Quando é atingida a profundeza da fonte principal de poder, o anjo cria uma iluminação divina para que a pessoa veja claramente as formas interiores que personificam a fonte de suas energias. Durante esse período especial, os poderes que querem fazer contato esperam pelo momento certo.

Os tipos de poder que desejam se unir a uma pessoa são muitos e variados. Eles se ligam a uma determinada área do corpo ou se manifestam em toda a psique. Cada poder personifica um dom ou uma qualidade especial que ajuda o indivíduo a quem está ligado. Um poder pode assumir qualquer forma. Pode ser simbolizado por uma pomba, que manifesta paz, bondade e amor incondicional. Pode haver poderes de animais ligados a diferentes partes do corpo ou da aura, como um leopardo, um leão, um veado ou um urso, simbolizando força, energia ou afeição. Pode-se prender o símbolo de uma águia aos ombros, para ajudar a pessoa a ver claramente de longe, ou atar o símbolo de uma coruja à testa, para atrair o dom da sabedoria.

Quem tem facilidade para visualizar, vê esses poderes encarnados em formas. Mas, pessoas de natureza mais abstrata, vêem ou sentem esses poderes como forças, pedras preciosas ou cores. Como cada poder é único, eles se manifestam de maneira totalmente diferente quando penetram os elementos terra, água, fogo, ar ou madeira. Cada pessoa pode se unir até a seis tipos diferentes de poder por vez. Podem ser mais, mas esse número é suficiente para fins de assimilação. Depois de receber dons tão únicos, a pessoa não deve tentar entrar em contato com mais, até que se sinta interiormente preparada para absorver mais energia na sua psique, estando objetivamente consciente de seus motivos. Quem é impaciente e quer o poder pelo poder, ou quer se unir a esses poderes a título de experiência, estará trilhando um caminho muito perigoso. É por isso que falo repetidamente sobre a necessidade de purificação pessoal em todos os níveis, e é por isso que surgiu a Psicorregressão.

Não se deve ter idéias preconcebidas a respeito dos tipos de poder, pois quase sempre eles são muito diferentes.

Uma moça viu a personificação de seu poder na forma de uma velha que lhe oferecia os dons da perseverança e da força. Outra pessoa viu o poder se manifestando na forma de um menino oferecendo os dons da inocência e da bondade. Em outra, o poder foi oferecido na forma de um sábio, com os dons da sabedoria e do aprendizado. Cada um absorve individualmente cada poder, ligando-o internamente a uma determinada parte do corpo e da aura, antes que se apresente o poder seguinte. Uma pessoa se ligou ao poder do cristal — uma ligação associada aos lóbulos frontais do cérebro — e recebeu o dom da purificação e da vontade dirigida. Poderia haver um poder colorido como o arco-íris ligado à aura inteira e não ao corpo físico, personificando os dons da atenção e da flexibilidade.

Os poderes estão dentro de nós, para que nos unamos a eles depois de termos trabalhado nossas emoções negativas. Essa parte da Psicorregressão pode ser comparada ao glacê de um bolo de aniversário: de nada serve o glacê quando não há um bolo bonito e saboroso a ser decorado!

No decorrer de minhas pesquisas, conheci pessoas que se consideram magos formais. Mas descobri que muitas delas brincam com as energias (que são mais letais que dinamite) durante suas operações mágicas, evocando espíritos duvidosos em detrimento de sua busca pelo poder. Isso lhes causa problemas inimagináveis, pois geralmente elas estão convencidas de que é desnecessário passar por uma limpeza inicial antes de colocar em prática suas idéias elevadas. Esses entusiasmados aprendizes de feiticeiro parecem esquecer um fato importante: quando alguém amplia o lado positivo de sua natureza, os aspectos negativos vêm simultaneamente à tona. Quando alguém passou por muita purificação, até mesmo as camadas negativas mais profundas podem vir à tona, pois o lado positivo da natureza fica mais pronunciado.

Havia um homem que, embora achasse o contrário, ainda não tinha passado por purificação suficiente. Seu maior medo era o "medo de mulheres". À medida que foi entrando em contato com seus poderes essenciais, ele viu uma bela mulher extraterrestre, com olhos grandes e escuros, maçãs do rosto pronunciadas e longos cabelos negros. Ela queria se fundir com o espírito dele, oferecendo-lhe o dom do amor incondicional. Como ainda havia resíduos do "medo de mulheres" em sua constituição, ele só deixou que esse poder feminino se unisse a ele da cintura para cima. Suas atitudes não-resolvidas continuaram a afetá-lo da cintura para baixo. Assim, ele só se beneficiou desse poder pela metade, em vez de aproveitá-lo inteiramente.

Uma jovem tinha um profundo "medo do amor". Quando um anjo do amor se apresentou a ela desejando entrar em contato com seu coração espiritual, ela imediatamente o rejeitou. Isso mostra como é inútil tentar entrar em contato com a fonte do poder essencial sem primeiro preparar o terreno.

O objetivo da união com essas energias é nos tornar mais conscientes de quem realmente somos, sentindo e conhecendo, com certeza, a nossa fonte inicial.

É preciso sabedoria, habilidade e humildade para usar construtivamente essas energias sagradas a serviço dos outros e pela glória do que há de sagrado em toda a vida.

A criação de um corpo luminoso

Não podemos iniciar efetivamente o nosso processo de transformação até que uma profunda vontade interior de mudar o nosso carma surja na consciência. Essa resolução interior é forte o suficiente para ressoar em todos os átomos e moléculas do nosso corpo físico. Ela cria, dentro de nós, ondas de energia suficientemente fortes para nos manter firmemente ligados ao curso de ação que escolhemos e também ao conhecimento interior de que isso só é possível quando temos vontade, energia e paciência para ir até o fim.

Ao nos livrarmos do nosso carma indesejado e ao começarmos a encarar fantasmas passados e atuais, nós nos tornamos iniciadores de nosso destino. À medida que abandonamos todas as energias adversas que nos impedem de perceber o nosso potencial divino, vamos nos tornando mais inteiros ou sagrados.

Quando nossas ações conscientemente dirigidas são divinamente motivadas, estamos aptos a mudar a estrutura subatômica dos fundamentos do nosso ser.

Através dessa mudança interior de energia, uma luminosidade translúcida começa a sair pelos poros da pele, como raios de luz transmitidos de algum domínio celestial. Essa energia sagrada também irradia do fundo dos olhos, tornando-nos capazes de olhar atrás, além e dentro do coração humano. Esses olhos são capazes de compreender as necessidades, alegrias, tristezas e as mais profundas aspirações do homem e da humanidade. Um ser luminescente que se livrou do pesado estorvo da personalidade fica mais leve e muito mais flexível, sentindo-se à vontade em todos os domínios, pois não está limitado pelas projeções pessoais ou pelas vontades e desejos de visão curta.

Um ser luminescente ou iluminado é capaz de se comunicar com todos os aspectos da vida, percorrendo com facilidade minutos, dias, meses, anos e até milênios. Esses seres são capazes de se comunicar livremente com os espíritos de santos e pecadores do passado sem as limitações do julgamento. Eles conseguem também manter conversas telepáticas com filósofos e cientistas que se foram há muito desta terra e que, de boa vontade, compartilham seu conhecimento sagrado com aqueles que estão dispostos a recebê-lo. Tudo isso e ainda mais é possível para quem começa a trilhar o caminho de seu próprio destino, para quem está realmente disposto a procurar e a encontrar o Deus interior.

Conclusão

Durante minha vida, conheci pessoas capazes, numa medida maior ou menor, de se comunicar com o Deus interior. Eu já vi com meus olhos e senti isso com o meu coração. Muitas vezes eu vi a divindade se manifestar ativamente, de maneiras diferentes. Não tenho dúvidas de que é possível operar grandes mudanças interiores quando se está interiormente motivado. As informações deste livro não se baseiam em teorias ou especulações intelectuais. Vêm da experiência e da pesquisa baseada nas realidades individuais de muitas pessoas por um período de mais de 20 anos. Vêm também de outras dimensões do intelecto, canalizadas telepaticamente através de mim. Este trabalho não trata apenas — de maneira sucinta — de um tipo muito especial de regressão. Ele é muito mais abrangente, revelando ao leitor muitas facetas incomuns da cura multidimensional.

A Psicorregressão é um dos mais abrangentes sistemas do hemisfério ocidental, lidando com aspectos intrincados e complexos da psique humana de maneira detalhada e sistemática. Mas, ao mesmo tempo, deixa espaço para que as energias divinas fluam livremente através do procedimento sagrado. Há também muitos seres invisíveis que fazem com que tudo flua de acordo com o plano divino.

Os atributos necessários a um praticante deste tipo incomum de trabalho são: preparo físico e dedicação espiritual. É preciso, também, ter flexibilidade e compaixão.

É possível treinar pessoas adequadas, que se inspiraram neste livro e querem aprender mais sobre esta terapia única; pessoas que tenham uma compreensão instintiva deste tipo de trabalho e uma certa experiência em cura e terapia, que as ajude no caminho escolhido.

O ideal seria termos terapeutas de várias culturas do mundo inteiro. Eu gostaria de encontrar muitas pessoas maduras, com muita energia física e espiritual, realmente dispostas a iniciar essa jornada longa, difícil, mas gratificante. Acho que seria um passo muito positivo na direção certa, tanto para o iniciante quanto para seu paciente, pois ambos se beneficiariam internamente desse trabalho.

Doze praticantes bem treinados, capazes de ensinar, poderiam treinar muitos outros. Há quem tenha cometido o erro de pensar que qualquer um pode se tornar um terapeuta depois de alguns poucos seminários. Mas o processo leva uns três anos de prática e de estudos: é preciso observar e compreender os mecanismos da terapia, da purificação e do desenvolvimento espiritual. É necessário também fazer terapia e praticá-la sob o olhar atento de um terapeuta qualificado.

No fim deste livro, fiz uma lista de vários praticantes e métodos de purificação espiritual. Quando o escrevi, havia apenas alguns poucos terapeutas de Psicorregressão na Inglaterra e apenas um nos Estados Unidos.

Venho atendendo pacientes nos últimos 20 anos. Reduzi esse aspecto do meu trabalho para ensinar terapia e para escrever sobre pesquisas e descobertas que fiz durante meus anos de prática.

Sei que esta terapia pode ajudar diferentes tipos de pessoas, incluindo as que têm uma crença interior em alguma coisa mas que talvez não tenham muita certeza do que é essa "alguma coisa". Se houver um número de pessoas espiritualmente orientadas, com experiência terapêutica e um bom conhecimento de cura, dispostas a aprender este trabalho, então muita coisa poderá ser feita.

A Psicorregressão é um caminho válido para descobrir o Deus interior. A montanha pode ser íngreme e perigosa, mas é linda de tirar o fôlego.

Precisamos realmente conhecer a nós mesmos, e esta é uma maneira excelente de fazer essa descoberta.

Glossário

Abhyasi Aspirante; alguém que pratica ioga com o objetivo de alcançar a comunhão com Deus.

Anjo da Guarda Um espírito guardião, protetor pessoal.

Anjos Mensageiros divinos que agem como intermediários entre Deus e o homem.

Aura Emanação sutil que envolve o corpo físico (a profundidade e a cor variam de acordo com o crescimento espiritual e a energia física de cada indivíduo).

Carma Fado, destino (como algo determinado pelas nossas ações num estado anterior de existência).

Células Unidade estrutural da matéria viva. Contêm um núcleo.

Chakras Em sânscrito, chakra quer dizer roda. São pontos de energia do corpo astral. O desenvolvimento do chakra indica o estado de desenvolvimento psíquico. Durante o estado de meditação, os chakras se abrem como belas flores.

Danos psíquicos Danos à nossa constituição psíquica, passada ou presente (permanecem nas células da psique).

Deífico Semelhante a Deus, na forma ou na natureza.

Encarnação Incorporação na carne.

Entrevida Vida entre vidas. (Ver Leituras Adicionais.)

Estrutura psíquica da pele Cobertura invisível acima da pele.

Evolução Desdobramento. Desenvolvimento. Crescimento espiritual.

Feiticeiro Uma pessoa que domina a arte de preservar e restaurar a saúde (por meios naturais).

Fisiogenética Origem da nossa constituição física.

Genético Relativo à origem.

Gnóstico Aquele que tem conhecimento superior de mistérios do espírito.

Iluminação Luz espiritual e intelectual. (União com Deus.)

Involução O oposto de evolução. Descida. Destruição.

Massagem biodinâmica Uma forma de massagem que libera emoções bloqueadas no interior dos tecidos e dos músculos, equilibrando o ser integral.

Médium Aquele que percebe além do domínio físico.

Poderes essenciais Origem. Fonte de poder.

Psicogenética Origem da nossa constituição psíquica.

Psique A alma, o espírito, a mente.

Reencarnação Encarnar novamente em outro corpo.

Subpersonalidades Personalidades não integradas do passado, profundamente entranhadas no subconsciente.

Transformação Mudar a forma de...

Xamã Uma pessoa que muda sua consciência pela sua vontade e viaja a outras dimensões. (Também pode ser um sacerdote, mestre de cura ou feiticeiro(a).)

Informações adicionais

LEITURAS ADICIONAIS

Alder, V. S. *The Finding of the Third Eye,* Rider & Co., 1962. [*A Descoberta do Terceiro Olho*, publicado pela Editora Pensamento, São Paulo, 1974.]

Ashley, N. *Create Your Own Reality: A Seth Workbook,* Prentice Hall, EUA, 1987.

Aivanhov, O. M. *Man's Subtle Bodies and Centres*, Provesta, 1986.

Bach, E. *Heal Thyself,* C. W. Daniel & Co. Ltd., 1988. [*Os Remédios Florais do dr. Bach — Incluindo Cura-te a ti Mesmo e os Doze Remédios*, publicado pela Editora Pensamento, São Paulo, 1990.]

Brennan, B. A. *Hands of Light,* Bantam, 1988. [*Mãos de Luz*, publicado pela Editora Pensamento, São Paulo, 1990.]

Chandra, Ram *The Complete Works of Ram Chandra* (Vols. I e II), Ram Chandra Mission, França, 1989.

Conger, C. G. *Jung and Reich: The Body as Shadow,* North Atlantic, EUA, 1988.

Danielou, Jean S. J. *The Angels and Their Mission,* Four Courts Press, 1988.

Edwards, Gill *Living Magically,* Piatkus Books, 1991.

Fisher, J. *The Case for Reincarnation,* Collins, Toronto, 1984.

Grant, D. e Joice, J. *Food Combining for Health,* Thorsons, EUA.

Grant, J. e Kelsey, D. *Many Lifetimes,* Gollancz, 1968.

Guirdham, A. *The Psyche in Medicine*, Neville Spearman, 1978.

Guirdham, A. *The Psychic Dimensions of Mental Health,* Turnstone, 1982.

Guirdham, A. *Cosmic Factors In Disease,* Duckworth, 1963.

Guirdham, A. *A Theory of Disease,* Neville Spearman, 1957.

Gullan-Whur, M. *The Four Elements,* Century, 1987.

Gris, H. e Dick, W. *The New Soviet Psychic Discoveries,* Souvenir Press, 1978.

Gurudas. *Gem Elixirs and Vibrational Healing* (Vols. I e II), Cassandra Press, EUA, 1989.

Hall, Manley P. *Man The Grand Symbol of the Mysteries,* Manley P. Hall Publications, 1932 (1ª ed.).

Hay, L. *Heal Your Body,* Eden Grove, 1988.

Jung, Dr. C. G. *Modern Man in Search of a Soul,* Routledge, 1962.

Jung, Dr. C. G. (Obras Selecionadas, vários volumes, incluindo *Symbols of Transformation*), Routledge & Kegan Paul, 1967.

King, S. *Magic of Angels,* Seekers Trust, 1979.

Krippners, S. e Rubin D. *The Kirlian Aura,* Anchor, 1974.

Krystal, P. *Cutting the Ties That Bind,* Turnstone Press Ltd., 1982.

Leadbeater, C. W. *The Chakras,* Quest Books, 1972. [*Os Chakras,* publicado pela Editora Pensamento, São Paulo, 1960.]

Mallasz, G. *Talking with Angels,* Watkins, 1979.

Mees, L. F. C. *Secrets of the Skeleton,* Anthroposophic Press, Spring Valley, EUA, 1984.

Mickaharic, D. *Spiritual Cleansing*, Samuel Weiser, EUA, 1982.

Motoyama, Dr. Hiroshi, *Karma and Reincarnation,* Piatkus Books, 1992.

Naegeli-Osjord, H. M. D. *Possession and Exorcism,* New Frontiers Centre, EUA., 1988.

Nicholson, S. *Shamanism,* Quest Books, 1988.

Oesterreich, T. K. *Possession — Demoniacal and Other,* Kegan Paul, 1930.

Pierrakos, Dr. J. *Core Energetics,* Life Rhythm Publications, 1987. [*Energética da Essência*, publicado pela Editora Pensamento, São Paulo, 1993.]

Proto, L. *Who's Pulling Your Strings?* Thorsons, 1989.

Rowan, J. *Subpersonalities,* Routledge, 1990.

Sargant, Wm. *The Mind Possessed,* Heinemann, 1973.

Sandner, D. *Navaho Symbols of Healing,* Healing Arts Press, 1979.

Thighten, C. H. *The Three Faces of Eve,* Chivers, 1985.

Vallieres, I. *Reincarnation Therapy,* Ashgrove Press, 1991.

Walker, K. *Diagnosis of Man,* Pelican Books, 1962.

Wheeler, F. J. *The Bach Remedies Repertory,* C. W. Daniel & Co., 1973. [*Repertório dos Remédios Florais do dr. Bach,* publicado pela Editora Pensamento, São Paulo, 1990.]

Whitten, Dr. J. L. e Fisher, J. *Life Between Life,* Grafton Bks, 1986. [*Vida Transição Vida,* publicado pela Editora Pensamento, São Paulo, 1991.]

Williston, G. e Johnstone, J. *Soul Search,* Turnstone, 1983.

Wilson, P. L. *Angels,* Thames & Hudson, 1990.

TERAPEUTAS E ENDEREÇOS ÚTEIS

Jenai Cotterill

B/M Devi

London WC1N 3XX

081-948 6661

Psicorregressão, Pré-Criação (terapia da Alma), Massagem Biodinâmica.

Katharine Player
Robinson Barber and Co.
Cannop House
517 Hertford Road
Enfield
Middlesex EN3 5UA
071-236 6268
071-582 4061
Regressão Simples.

Marilyn Cousins
Bexley Heath
Natural Health Centre
284 The Broadway Bexley Heath
Kent DA6 8AJ
081-303 6288
Psicorregressão, Pré-Criação (terapia da Alma).

George Alexander
The Rossetti Foundation
B/M Spiritos
London WC1N 3XX
Um tipo especial de Regressão Intuitiva e Limpeza Emocional.

Representante para o Brasil
e Tradutora
Janet Sloan
0171 610 4122 - England

Representante e Coordenador
do Seminário (USA)
- Larry James
NJ 609 767 8633
- Claudia Tapolow
FL 305 457 9745

Gill Paranijit
60 Iveagh Avenue
Park Royal
London NW10 TQH
Sistema Sahaj Marg (limpeza do carma através de transmissões espirituais e meditação).

Dr. S. Srivastava
Kanupriya
Sri Ram Chandrapuram
Kheri Road
Lakhimpur-Kheri 262701
India
Sistema de Meditação Sahaj Marg.

Ram Chandra Mission
Chateau D'Augerans
39380 Mont Sous
Vaudray
France
Sistema de Meditação Sahaj Marg.

Representante e Coordenador
de Seminários (para a Alemanha)
Heidi Hildenbrandt
Psycho-Regression Therapist
01049-7121-506391

The Rossetti Foundation
B/M Spiritos
London WC1N 3XX
Sistema Sahaj Marg (limpeza do carma através de transmissões espirituais e da meditação) e também para receber lista de preceptores de Sahaj Marg no Reino Unido.

The Seekers Trust
The Close
Addington Park
West Malling
Kent ME19 5BL

Centro de oração e cura espiritual. Através desse centro é possível receber curas espirituais a longa distância com assistência dos anjos.

Frances Tweed-Clarke
The Rossetti Foundation
B/M Spiritos
London WC1N 3XX
Coordenadora de Seminários
Orientação, Psicorregressão,
Terapia de Pré-Criação, Massagens

Dra. Francesca Rossetti
The Rossetti Foundation
B/M Spiritos
London WC1N 3XX
Conferencista, professora de Psicorregressão e outras terapias. Pesquisadora na área da paramedicina.

Resposta a consultas mediante cupons-resposta internacionais.

MÃOS DE LUZ

Barbara Ann Brennan

Este livro é de leitura obrigatória para todos os que pretendem dedicar-se à cura ou que trabalham na área da saúde. É uma inspiração para todos os que desejam compreender a verdadeira essência da natureza humana.
ELISABETH KUBLER-ROSS

Com a clareza de estilo de uma doutora em medicina e a compaixão de uma pessoa que se dedica à cura, com quinze anos de prática profissional observando 5000 clientes e estudantes, Barbara Ann Brennan apresenta este estudo profundo sobre o campo energético do homem.

Este livro se dirige aos que estão procurando a autocompreensão dos seus processos físicos e emocionais, que extrapolam a estrutura da medicina clássica. Concentra-se na arte de curar por meios físicos e metafísicos.

Segundo a autora, nosso corpo físico existe dentro de um "corpo" mais amplo, um campo de energia humana ou aura, através do qual criamos nossa experiência da realidade, inclusive a saúde e a doença. É através desse campo que temos o poder de curar a nós mesmos.

Esse corpo energético – pelo qual a ciência só ultimamente vem se interessando, mas que há muito é do conhecimento de curadores e místicos – é o ponto inicial de qualquer doença. Nele ocorrem as nossas mais fortes e profundas interações, nas quais podemos localizar o início e o fim de nossos distúrbios psicológicos e emocionais.

O trabalho de Barbara Ann Brennan é único porque liga a psicodinâmica ao campo da energia humana e descreve as variações do campo de energia na medida em que ele se relaciona com as funções da personalidade.

Este livro, recomendado a todos aqueles que se emocionam com o fenômeno da vida nos níveis físicos e metafísicos, oferece um material riquíssimo que pode ser explorado com vistas ao desenvolvimento da personalidade como um todo. *Mãos de Luz* é uma inspiração para todos os que desejam compreender a verdadeira essência da natureza humana. Lendo-o, você estará ingressando num domínio fascinante, repleto de maravilhas.

EDITORA PENSAMENTO

LUZ EMERGENTE

A Jornada da Cura Pessoal

Barbara Ann Brennan

O primeiro livro de Barbara Ann Brennan — *Mãos de Luz*, publicado pela Editora Pensamento — consagrou-a como uma das mais talentosas mestras da atualidade no seu campo específico de atuação. Agora, neste seu novo livro há muito esperado, ela continua sua pesquisa inovadora sobre o campo energético humano e sobre a relação de nossas energias vitais com a saúde, com a doença e com a cura.

Com base em muitas das novas descobertas que ela fez na sua prática diária, a autora mostra de que modo tanto os pacientes como os agentes de cura podem ser energizados para entender melhor e trabalhar com o nosso poder de cura mais essencial: a luz que se irradia do próprio centro da condição humana.

Nas suas várias partes, este livro explica como e por que a imposição das mãos funciona; descreve o que um curador pode ou não fazer para beneficiar as pessoas, ensina a forma básica de uma sessão de cura e como uma equipe constituída por um curador e um médico pode funcionar com resultados excelentes; apresenta depois o conceito do sistema interno de equilíbrio e mostra como podemos desenvolver doenças quando não seguimos a orientação desse sistema; transcreve a seguir uma série de interessantes entrevistas com pacientes que ajudam a explicar o processo de cura de um modo muito simples; explica o modo como os relacionamentos podem afetar a saúde, tanto positiva como negativamente, e propõe, para finalizar, maneiras práticas de criar relacionamentos saudáveis, além de mostrar a conexão entre saúde, doença e cura com o processo criativo.

O livro traz, ainda, uma série detalhada de casos clínicos esclarecedores, propõe exercícios, além de incluir ilustrações em preto e branco ou em cores para a melhor compreensão do texto.

Apresentando os aspectos práticos e teóricos desse novo campo de pesquisa, Barbara Ann Brennan coloca-se na liderança da prática da cura na nossa época.

CULTRIX/PENSAMENTO

ATRAVÉS DA BARREIRA DO TEMPO

Danah Zohar

Todos sentimos a necessidade de burlar o tempo. Prova-o o interesse demonstrado sempre que a conversa gira em torno da possibilidade de prever o futuro.

Desde as consultas que os antigos gregos faziam ao Oráculo de Delfos, passando pelas profecias de Nostradamus, até a moderna "previsão" do naufrágio do Titanic e do desastre de Aberfan, a autora narra e descreve minuciosamente as evidências da precognição.

Além do registro de sonhos premonitórios, de casos de precognição em animais e de estudos experimentais sobre precognição, grande parte dos casos aqui relatados foram retirados dos arquivos da *Society for Psychical Research,* que fornecem material valioso para numerosas outras obras, entre as quais *Experiências fora do corpo, Mediunidade e sobrevivência* e *Fantasmas e aparições*, já publicadas pela Editora Pensamento.

Se a precognição existe, poderá acaso ser compreendida nos termos da ciência moderna? Ela contradiz diretamente as teorias da Física clássica; no entanto, a visão moderna de tempo e espaço, do modo como foi descrita pela primeira vez na Teoria Geral da Relatividade de Einstein, torna possível a sua aceitação.

A autora examina a evidência científica de cada caso em toda a sua amplitude e a combina com as experiências e casos comprovados de precognição. O resultado é um livro detalhado e curioso, escrito com a determinação de quem se propôs a desvendar, pelo menos em parte, o mistério do tempo.

* * *

Danah Zohar nasceu nos Estados Unidos. Bacharelou-se em Física e Filosofia no Instituto de Tecnologia de Massachusetts (MIT) e, durante três anos, fez seu curso de pós-graduação na área de Filosofia e Religião na Universidade de Harvard.

EDITORA PENSAMENTO

PSI QUÂNTICO

Uma extensão dos conceitos quânticos e atômicos à idéia do Espírito

Hernani Guimarães Andrade

Existiria uma outra categoria de matéria, homóloga à matéria física por nós conhecida, gozando de propriedade *psi?* Seria esta suposta *matéria psi* a substância de que são feitos os seres espirituais? Seriam as partículas quânticas dessa hipotética *matéria psi* estruturas energéticas de quatro dimensões, que lhe emprestariam propriedades dinâmicas e espaço-temporais, tais como psicocinesia e a percepção extra-sensorial? Estes e outros temas fascinantes, como a origem da vida e a evolução biológica, são abordados neste livro polêmico, escrito em linguagem simples, ao alcance de qualquer leitor.

Referindo-se às idéias do autor, assim se expressa o Dr. Hermínio Corrêa de Miranda, em seu prefácio:

"Sua tese, elaborada a partir de tal síntese criativa, é a de que a matéria chamada bruta, cujos segredos a Física Quântica vai desvendando, pouco a pouco, tem seus encaixes próprios para um conjunto simétrico de componentes tetradimensionais do 'outro lado' da vida, com os seus psiátomos, o bion, o percepton e o intelecton. Essas psipartículas compõem o Modelo Organizador Biológico (MOB) que, não apenas preside à formação do corpo físico, como cuida do seu funcionamento integrado, enquanto quantidades inconcebíveis de átomos são eliminadas e substituídas, ao longo de toda uma existência."

Esta obra completa e forma uma trilogia juntamente com as duas anteriores do mesmo autor: *Morte, Renascimento, Evolução* e *Espírito, Perispírito e Alma,* já lançadas pela Editora Pensamento.

EDITORA PENSAMENTO

Outras obras de interesse:

INVESTIGANDO VIDAS PASSADAS
Raymond A. Moody, Jr.
Paul Perry

RECORDANDO VIDAS PASSADAS
Dra. Helen Wambach

A REGRESSÃO A VIDAS PASSADAS COMO MÉTODO DE CURA - A Comprovação Experimental da Teoria da Reencarnação
Thorwald Dethlefsen

VIDA/TRANSIÇÃO/VIDA
Explorações Científicas no Tempo de Transição Entre uma Encarnação e Outra
Joel L. Whitton e *Joe Fisher*

OS CÁTAROS E A REENCARNAÇÃO
Arthur Guirdham

ENTRE DOIS MUNDOS
Arthur Guirdham

REENCARNAÇÃO
Reivindicando o seu Passado, Criando o seu Futuro (Coleção Edgar Cayce)
Lynn Elwell Sparrow

A DOUTRINA DO KARMA
Irmão Atisha

O HÁBITO DA ORAÇÃO E A LEI DO KARMA
Alvin B. Kuhn

KARMA
Annie Besant

KARMA - A Lei Universal da Harmonia
Hanson e *Stewart*

A REENCARNAÇÃO E A LEI DO CARMA
W. W. Atkinson

MÃOS DE LUZ
Barbara Ann Brennan

HOMEOPATIA - Ciência e Cura
George Vithoulkas

HOMEOPATIA - Medicina para o Século XXI
Dana Ullman

CURAR, CURAR-SE
Richard Carlson, Ph.D.
Benjamin Shield

A CIÊNCIA DA CURA PSÍQUICA
Yogue Ramacháraca